ESSAI
SUR LA SUCCESSION

EN

DROIT INTERNATIONAL PRIVÉ

SPÉCIALEMENT AU POINT DE VUE DES RELATIONS

ENTRE LES DIVERS CANTONS SUISSES

ET ENTRE LA FRANCE ET LA SUISSE.

DISSERTATION

PRÉSENTÉE A L'ACADÉMIE DE LAUSANNE

POUR OBTENIR LA LICENCE

Par Ernest ROGUIN

PARIS

IMPRIMERIE MOQUET

11, RUE DES FOSSÉS-ST-JACQUES

1874

ESSAI
SUR LA SUCCESSION

EN

DROIT INTERNATIONAL PRIVÉ

SPÉCIALEMENT AU POINT DE VUE DES RELATIONS

ENTRE LES DIVERS CANTONS SUISSES

ET ENTRE LA FRANCE ET LA SUISSE.

DISSERTATION

PRÉSENTÉE A L'ACADÉMIE DE LAUSANNE

POUR OBTENIR LA LICENCE

Par Ernest ROGUIN

PARIS

IMPRIMERIE MOQUET

11, RUE DES FOSSÉS-ST-JACQUES

1874

43695

ESSAI
SUR LA SUCCESSION

EN

DROIT INTERNATIONAL PRIVÉ

SPÉCIALEMENT AU POINT DE VUE DES RELATIONS
ENTRE LES DIVERS CANTONS SUISSES
ET ENTRE LA FRANCE ET LA SUISSE.

PRÉFACE.

A mesure que nous avancions dans ce travail sur une des parties les plus importantes du droit international privé, nous nous sommes convaincus toujours davantage de la grande différence qui sépare ce domaine des autres grandes divisions de l'étude du droit. Tandis que les droits civils nationaux prennent leur développement dans les décrets du pouvoir législatif et dans les arrêts des cours de justice, décisions dont la nature commune est de s'imposer, au besoin par la force, le droit international privé, comme les autres branches du

droit des gens, ne se compose que de règles
volontairement suivies par les différentes nations entre elles, grâce à l'intérêt qu'elles trouvent, dans certains cas, à se reconnaître mu-
tuellement leurs lois, et à exécuter les arrêts de
leurs tribunaux respectifs. Par son fondement,
ce droit est absolument intéressé. De plus, il
est dépourvu de sanction reconnue. Les traités
internationaux, eux-mêmes, en manquent. Chaque nation reste toujours seul juge de l'interprétation qu'elle donne aux conventions dont
elle est partie, et, quand elle prétend les appliquer, il est malaisé de lui prouver le contraire.

Les conséquences de ce fait sont naturellement une absence totale de dispositions impé-
ratives tranchant uniformément les différentes
questions entre tous les États, et partant une
étonnante diversité des solutions, car rien n'est
plus différent que la manière dont chaque pays
comprend son avantage.

On a parfois cherché, il est vrai, à amener
une entente sur quelques points particulièrement importants. Tout dernièrement, les Pays-
Bas proposèrent aux Puissances d'envoyer des
délégués à La Haye, pour y régler la matière de
l'exécution des jugements; mais cette ouverture ne paraît pas avoir été accueillie partout
avec beaucoup d'empressement. Les tentatives

pareilles se sont toujours heurtées à la divergence inconciliable des vues, et à la susceptibilité que mettent les États à sauvegarder le principe absolu de la souveraineté territoriale.

Quant au tribunal international que nombre d'hommes éminents voudraient voir établir, nous pensons que son installation serait beaucoup moins efficace qu'on ne se l'imagine ordinairement, puisqu'on ne pourrait prêter à ce corps d'autres moyens de contraindre au respect de ces jugements que ceux dont disposeraient les États soumis à sa juridiction.

Nous avons cru nécessaire d'insister sur la nature propre du droit international, parce qu'elle est assez souvent méconnue par les auteurs, surtout les modernes. Les anciens jurisconsultes s'en rendaient généralement un compte plus exact ; ils asseoient avec raison le droit international privé sur la *comitas nationum*. Plus on s'éloigne de l'origine d'un droit quelconque, moins on en comprend le véritable caractère.

Il n'est pas besoin, sans doute, de démontrer l'importance du sujet que nous avons choisi ; nous regrettons seulement que notre travail soit resté si fort au-dessous de ce qu'en aurait pu fournir le thème.

Notre intention a été de présenter dans un

cadre restreint les principales règles observées
en matière de succession entre les Etats de notre
époque, surtout entre la France et la Suisse, et
de faire précéder cette exposition d'un aperçu
sur le droit d'aubaine. Dans ce dernier but,
nous avons préféré étudier ce droit d'un peu
près en France, où il avait reçu un développement remarquable, et laisser de côté les indications que nous avions recueillies pour d'autres
États. Cela nous a conduit à entrer sur le droit
français dans plus de détails que quelques personnes peut-être ne le trouveront heureux pour
la proportion du travail. Particulièrement, l'importante loi française de 1819 est assez longue-
ment examinée. Sa fréquente application, notamment vis-à-vis de la Suisse, nous a paru
motiver la discussion que nous en avons faite.

Nous avons préféré suivre dans cet essai autant que possible la succession logique des matières, abstraction faite de l'époque et des pays,
de préférence à l'ordre chronologique et local.
La marche adoptée nous paraît à la fois plus
claire et plus scientifique. Toutefois l'étude des
droits de traite foraine et d'aubaine entre les
cantons suisses et entre ces États et l'Étranger,
ensuite celle de l'aubaine en France, nous ont
paru gagner à former, chacune dans cet ordre,
un chapitre d'une première partie. Dans une

seconde partie seront examinées, successivement, sans égard au temps ni au lieu, les différentes questions soulevées par le conflit des lois qui partent du principe de l'admissibilité des forains à disposer et à recevoir.

PREMIÈRE PARTIE

Des droits d'aubaine et de traite foraine.

CHAPITRE I.

ENTRE LES CANTONS SUISSES ET ENTRE CES ÉTATS ET L'ÉTRANGER.

§ 1. *Entre les cantons.*

La seule source dont nous disposions pour ce chapitre est la *Collection officielle des décisions de l'ancienne diète helvétique,* et encore le plus grand nombre des volumes nous manquaient; nous n'avons eu entre les mains que les volumes III, 1re et 2me parties, VI, 1re et 2me parties, et VII 2me partie.

Toutefois un examen attentif de ces documents a pu fournir quelques indications, qui, bien qu'incomplètes, donnent cependant une idée des rapports sur la matière entre les États confédérés.

Le fait ou le principe à la base de ces relations était celui de l'indépendance territoriale. Chaque état avait le droit incontesté de frapper de la traite foraine, *Abzug*, les biens qui sortaient de son territoire à l'occasion d'une succession. Cette faculté illimitée découlait, au reste, plus directement des réserves stipulées dans les alliances. Aussi, voyons-nous à plusieurs reprises les membres de la confédération se référer à ces traités pour repousser les prétentions qu'ils jugeaient contraires.

La disposition des alliances prescrivant de rechercher chaque confédéré devant son juge naturel était aussi appliquée en matière successorale ; mais il est difficile de dire dans quelles limites.

En 1492, les St. Gallois se plaignent qu'à propos d'un cas de succession leurs adversaires de Bischoffzell s'armaient contre eux de sentences rendues par des tribunaux auxquels les St. Gallois n'étaient pas soumis, et ils prient les 7 cantons de les aider à rester au bénéfice de *l'antique coutume*. La Diète écrivit à l'Évêque de Constance de faire en sorte que ces molestations cessassent. (III. 1ʳᵉ p. 404.)

Plus tard, en 1502, à propos d'une contestation sur un legs, entre des héritiers Lucernois, Schwytzois et Zurichois, un délégué de ce dernier État dit à la Diète « Que les alliances pres-

crivent que chaque localité conservera ses coutumes. » (Ibid, p. 193.)

Quant à l'abzug plus spécialement, le droit
de le retirer ressort avec évidence des conventions mêmes que concluent les États pour son
abolition réciproque. En 1515, par exemple,
Berne et Lucerne déclarent y renoncer entre
eux, réservés les droits et les privilèges
des villes et des seigneurs particuliers (ibid.
p. 631). Dans une conférence tenue en 1658
entre divers cantons, Schwytz se plaint de ce
que Glaris exige la traite des Schwytzois; on
prie Glaris de rester fidèle à la coutume. La
continuation de ce démêlé (p. 533 ibid) nous
montre, en effet, que la libre sortie des biens
avait été convenue anciennement entre les
deux États. En 1490, Uri et Schwytz prennent
le même arrangement. Enfin, à la diète des
cantons catholiques d'août 1661, on déclare
formellement que la question de l'abzug doit
être laissée aux conventions particulières à
signer entre États (ibid. p. 540).

Demandons-nous maintenant sur quels biens
on prenait la traite, et comment on la calculait.
Il va sans dire que, restant dans le cadre de
notre sujet, nous ne parlons ici que des cas d'hérédité, en laissant de côté toutes les autres
occasions où ce droit était levé. En général,

chaque fois que des biens sortaient pour une raison quelconque du territoire de l'État, il y avait lieu à la traite. Quelquefois cependant, elle ne frappait que les biens héréditaires.(Exemple VI, 2me partie, p. 1350,ibid, p. 1178,ibid. p. 1368.)

Nous n'avons trouvé qu'un seul éclaircissement, sur la manière de calculer l'abzug. Cela se rapporte à la question du compte des dettes. En 1766 et 1767, les cantons souverains de certains bailliages se prononcent en majorité pour la déduction de celles qui pesaient sur les fonds. (VII, 2me partie,p. 916).

Le taux de la taxe variait naturellement dans les différentes souverainetés. On avait souvent égard pour le déterminer à la plus ou moins grande intimité des biens entre les États. Témoin la décision prise dans une conférence tenue probablement en 1644, entre les coseigneurs des bailliages allemands (VI, 1re partie p. 1557). Ils arrêtent que ce droit sera perçu sur le pied de 10 0/0 des biens sortant de la confédération, 6 0/0 de ceux passant dans un état allié, enfin 5 0/0 de ceux entrant dans le territoire des dits cantons ou de leurs sujets. Le taux semble se maintenir entre 5 et 10 0/0.

Il y avait un assez grand nombre d'exceptions à l'abzug.

Nous avons déjà vu celles établies par accords intercantonaux.

Une seconde cause de dispense était fondée dans la nationalité de la personne qui recueillait la succession. On affranchissait de l'abzug l'héritier ressortissant de l'État qui aurait profité du droit. Ainsi, en 1668, les cantons propriétaires de la Thurgovie le remettent à un pasteur habitant Wigoldingen, parce qu'il était Thurgovien.

Souvent aussi, les ecclésiastiques étaient mis en bénéfice de la même faveur en raison de leur qualité. (Exemples: VI, 2me partie, p. 175 ibid. p. 1857).

Les chevaliers de l'ordre de Saint-Jean prétendaient à une franchise générale (ibid. p. 1308).

D'autres fois c'étaient certaines villes qui avaient obtenu ce privilège (ibid).

Sur la preuve de l'exemption, il existe un arrêté rendu à Zug par les cantons propriétaires du comté de Baden et décidant que pour prétendre valablement à la dispense, il fallait prouver son droit par des lettres scellées ; le délai pour les produire était fixé à un an (ibid. p. 1309). Il y a plusieurs autres cas où l'on décide ainsi de n'admettre que les priviléges certifiés par des actes.

A qui revenait maintenant le produit de la traite? C'était le plus souvent à l'Etat ; mais il y avait parfois d'autres ayant-droit reconnus.

En 1351, les cantons gouvernants des bailliages
libres accordent au Bailli et au Landschreiber à
chacun 10 0/0 du produit « afin, dit-on, qu'ils le
« perçoivent avec d'autant plus de zèle. »
VI, 2me p. 1350). A Sargans, on attribuait une
notable partie aux communes intéressées
(jusqu'à la moitié quand le droit était de 10 0/0
(VI, 2me partie, p. 1281). A Schwarzenbourg, les
communes étaient également intéressées (ibid.
1538). Dans le Rheinthal, certaines *hofe* pré-
levaient elles-mêmes l'abzug. (VII, 2me partie p. 709.)

§ 2. *Vis-à-vis de l'étranger, hormis
la France.*

Nous avons trouvé très peu de renseignements à cet égard.

Voici le plus intéressant : en 1503, on agita
à la Diète si l'on ne devait pas tenir quitte du
droit les héritiers domiciliés hors de la confédération d'un Thurgovien, parce qu'ils étaient nés
et avaient été élevés en Thurgovie (vol. III, 2e p.
p. 250). Un mois ensuite, sans s'arrêter à cette
considération, la Diète décide qu'ils seront as-
treints à l'impôt, à moins qu'ils ne fournissent,
dans le délai de deux mois, la preuve que les au-

torités du lieu de leur résidence ne prennent aucune traite des confédérés. L'un des héritiers produisit le certificat demandé et fut exempté ; l'autre, domicilié dans le comté de Werdenberg, donna aussi une déclaration de cette seigneurie, mais qui promettait seulement pour l'avenir l'abolition de l'abzug ; on ne trouva pas que cela satisfît suffisamment à l'arrêté ; et ce second héritier dut acquitter le droit. (ibid. p. 259). Cet exemple montre que la nationalité ne formait une cause de dispense pour les confédérés habitant hors de leur canton que dans le cas seulement où ils étaient restés sur le sol helvétique.

On appliquait, en règle générale, le système de la réciprocité. En 1649, on décide en Thurgovie d'exercer le droit vis-à-vis de tous les Etats qui ne justifieraient pas d'accorder l'exemption réciproque. (VI, 2e partie, p. 1178). Le Protocole de la Diète contient aussi la mention d'une demande faite à l'Autriche par les confédérés ; ils désiraient que l'empire n'eût pas plus d'égard qu'eux-mêmes à la différence des confessions. Remarquons, à cette occasion, l'influence exercée par la religion sur la question de la traite foraine. On pourrait citer d'autres cas où elle joue un rôle en cette matière aussi entre les cantons.

§ 3. *Rapports entre la France et la Suisse en matière successorale jusqu'au traité de 1288.*

Le premier traité, de 1444, entre les Ligues suisses et la France est exclusivement politique et ne contient aucune stipulation intéressant notre sujet. Les relations des deux pays n'ont, cependant, pas dû tarder à amener des arrangements à l'égard des successions. Malheureusement les lacunes signalées dans nos sources ne nous ont pas permis de faire remonter notre étude jusqu'où nous aurions voulu : c'est seulement à dater de la fin du XV° siècle que nous avons pu trouver des renseignements.

En novembre 1480, on prie le roi de France de vouloir bien faire en sorte que la succession d'un Suisse fût remise à son fils. (III, 1ʳᵉ p. p. 87). Les termes vagues de cette demande ne nous permettent pas de décider s'il s'agissait d'une réclamation basée sur des privilèges concédés, ou si elle était simplement un appel au bon vouloir du monarque.

Mais déjà en 1481 apparaît un traité, qui contient cette disposition importante : «... Sça-

« voir faisons, afin de toujours les maintenir,
« tenir et attraire en nostre service, et qu'ils
« soient plus enclins et curieux de venir et
« converser, et eux habituer et demeurer en
« nostre dit royaume, avons octroyé et oc-
« troyons... que *tous ceux de ladite nation*
« *qui sont de présent, ou seront pour le*
« *temps à venir demeurant en nostre dit*
« *service, estans gagez et soldoyez, et qui se*
« *sont mariez et habituez par cy-devant, et*
« *se marieront et habitueront cy-après en*
« *nostre dit royaume*, ils et chacun puissent
« et leur soit loisible acquérir et d'iceux, et
« aussi de ceux qu'ils y ont ja acquis, *dispo-*
« *ser et ordonner par testament et ordon-*
« *nance de bonne volonté*, donations faites
« entre-vifs ou *autrement*, ainsi que bon leur
« semblera, et que leurs femmes, enfants et
« héritiers qu'ils ont de présent ou pourront
« avoir le temps à venir leur puissent succéder
« et appréhender les biens de leurs dites suc-
« cessions, tout ainsi que s'ils estoient natifs
« de notre dit royaume, et quant à ce que les
« avons authorisez... sans ce qu'ils, ne au-
« cuns d'eux, ne leurs dites femmes, enfants
« et héritiers, soient pour ce tenus, ne con-
« traints à payer à nous et à nos successeurs
« ores, ny pour le temps à venir, aucune fi-

« nance... » Suit ensuite la concession d'une
exemption « de toutes tailles, impôts, aydes et
« subventions quelconques, etc., etc. » Plusieurs
points sont à remarquer sur cette déclaration,
qui forme moins un traité que l'octroi sans réciprocité de certains priviléges.

D'abord la faveur n'est accordée qu'aux Suisses « qui seront à nos gages et soldes » dit le
roi, et seulement pour les biens laissés par eux
à leurs femmes et enfants nés en France de
mariages contractés dans le même pays ; ces
enfants étaient, suivant la règle commune,
considérés comme Français. Le mot *héritier*
ne nous paraît nullement comprendre d'autres
personnes que ces mêmes enfants, ou descen-
dants ; de telle sorte que les parents étaient
uniquement relevés de l'incapacité personnelle
de disposer, et que les héritiers de ces derniers restés suisses n'acquéraient nullement le
droit de venir à la succession. Notre interprétation nous paraît seule conforme au texte du
traité. C'est, du reste, celle de M. Demangeat
(*Histoire de la condition civile des étrangers en France*, p. 209), et elle se trouve
encore confirmée par ce que dit cet auteur
(p. 199, 218, 219) sur la manière de comprendre, en général, les traités abolitifs du droit d'aubaine. Ils devaient toujours l'être restrictive-

ment, et il fallait donner au mot « aubaine »
son sens le plus étroit. Telle était la jurisprudence des parlements; ils n'entendaient
comme accordée, à défaut de clause expresse,
que la faculté personnelle de disposer, soit d'ê-
tre affranchi de la confiscation, ce qui n'entraî-
nait nullement le droit de recevoir ou de venir
à l'hérédité pour toutes les personnes qui n'é-
taient pas elles-mêmes, ou régnicoles, ou mi-
ses au rang de sujets du pays. Des deux incapacités qui formaient le droit d'aubaine, privation du droit de disposer, et impuissance de
recueillir, la première seule, généralement,
était abolie; la seconde pouvait subsister même
pour ceux qui étaient relevés de l'autre. Cette
observation est fort importante à retenir.

Ainsi, pour revenir aux lettres patentes
octroyées par Louis XI, concluons qu'elles
étaient uniquement un cas particulier des af-
franchissements limités de l'aubaine, concédés
par les rois de France aux nations dont ils désiraient garder auprès d'eux des soldats. Des lettres semblables furent accordées par Henri II
aux Écossais, en 1547, (Demangeat, 210.)

Dans l'alliance de 1484, entre les X cantons
et Charles VIII, nous ne trouvons rien qui tienne
à notre sujet, non plus que dans celle de 1496
entre les VIII cantons et le même roi.

Le traité de 1499 des X cantons avec Louis XII contient ce qui suit : « Nostratibus quoque « reservata sunt omnes et singulæ immunitates « et privilegia quibus ceteri regis gaudent et « patientur. » Il n'est toujours question dans ce traité que des soldats à la solde du roi. Il faut voir probablement la raison de ces confirmations à chaque nouvel avénement dans la doctrine, établie par les légistes royaux, que l'abandon du droit d'aubaine obligeait le prince seulement qui l'avait consenti, et non ses successeurs. (Demangeat, 194.)

Le traité de 1516 est beaucoup plus important. Il forma la base de toutes les alliances postérieures, dans lesquelles il est fréquemment rappelé. Cette convention renfermait sur le for en général la disposition suivante, applicable à notre avis aussi en matière de succession : « Bei « allen streitigkeiten von unterthanen des ei- « nen gegen unterthanen des anderen staats « soll der klaeger das recht suchen an denen en- « den der verschprecher (beklagte) gesessen « ist. » M. *Vogt,* auteur d'un article dans la *Zeitschrift des bernischen Juristenvereins,* pense que ce terme *gesessen* signifiait que dans le cas, par exemple, où des Français prétendaient à la succession d'un Suisse mort en Suisse, ils devaient s'adresser en Suisse au juge du lieu où le détenteur des objets de la succession était *ansaessig,* avait son établissement, et non pas, comme plus tard, sous le traité de 1715, au tribunal du lieu d'origine (du défendeur apparemment.) Nous réservons pour le moment l'interprétation des clauses de 1715; quant à celle que M. Vogt propose pour les dispositions de 1516, elle nous paraît exacte dans l'espèce supposée. Que décider, maintenant, si le défunt suisse était mort en France et *vice versa?* Remarquons que le traité de 1516 n'instituait nullement un for successoral particulier, pas plus au lieu de la mort, qu'à celui du domicile ou du lieu d'origine; il ne parle que du for du *défendeur.* Aussi, bien que le mot *versprecher* indique clairement que les négociateurs avaient en vue immédiate le cas seulement d'une obligat'on consentie, nous pensons que la disposition devait trouver son application à propos de toute espèce de différends, même en matière réelle et successorale, de sorte que dans la supposition faite, l'action devait être portée devant le juge du défendeur, ou devant leurs juges, s'il y en avait plusieurs, et cela sans aucun égard ni au domicile, ni à l'origine du défunt. Nous regrettons beaucoup de n'avoir pas eu l'occasion de vérifier cette opinion par l'étude du *Recueil d'Abschiede.*

Voilà pour le for. Au point de vue de l'aubaine, le traité de 1516 ne paraît avoir rien changé à l'état de choses fixé en 1481.

Les deux traités furent la base des relations franco-suisses pendant tout le XVIme et une partie du XVIIme siècles.

Notons incidemment qu'en vertu d'un arrêt du Conseil et de Lettres patentes de 1596, confirmées en 1608, les Genevois, outre la capacité de transmettre par testament les biens situés en France, reçurent celle de les recueillir par succession *ab intestat*, même d'étrangers. Ils étaient placés, ainsi, exactement sur le même pied que les Français eux-mêmes. (Demangeat, 209.)

Mais revenons à la confédération helvétique: En 1653 eut lieu une déclaration intéressante de l'ambassade de France aux comités de la Diète, à teneur de laquelle un jugement du 25 novembre 1635 reconnaît que les marchands suisses doivent être « traités en France comme « des Français de naissance, et que les chancel-« leries sont tenues, sous peine de 2000 fr. « d'amende, de n'exiger d'eux aucune autre « taxe que celles dues par les sujets du roi..., Que les biens des marchands helvétiques morts en France seront remis à leurs héritiers, francs de la traite foraine, mais sous l'obligation de céder les immeubles, dans un certain délai, à des habitants de la France (VI, 1ʳᵉ partie, p. 195). Choppin et Bourjon font probablement allusion à ce jugement quand ils disent (Demangeat, 210) que par Lettres patentes de 1635 tous les Suisses des cantons catholiques furent indistinctement admis à succéder en France.

A notre avis, la décision rapportée ne contient rien de plus que la franchise dont les rois favorisèrent indistinctement tous les marchands étrangers fréquentant certaines foires ou habitant certaines villes.

Plus tard, en 1661, on obtient de l'ambassadeur de France l'assurance que la déclaration de 1635 sera fidèlement observée (ibid, 547). Des plaintes s'étaient fait entendre sur sa violation. Dans une autre Diète spéciale, en 1663, les députés réclament contre l'abus qui s'était introduit de soumettre à la traite les colonels et les lieutenants suisses, ainsi que la Garde des Cent suisses. Le roi fit droit à cette réclamation (ibid. 502).

Nous arrivons à l'important traité de 1663 entre les États confédérés et Louis XIV. A l'article 19 est posé le principe du for naturel. L'article suivant garantit la liberté d'aller et de venir aux ressortissants de l'un des deux pays sur le territoire de l'autre « sans aucun empê-

« chement en corps et en biens, sans fraude ni
« déception » (ibid, 1654): Ces termes com-
prennent-ils une abolition générale du droit
d'aubaine? M. Vogt paraît être pour la négative en faisant dater cette mesure du traité
de 1715 seulement. Le soin que cette dernière
convention met à étendre à tous les confédérés de condition civile les priviléges dont
jouissaient ceux au service militaire témoi-
gne, à notre avis, qu'ici encore cet auteur
a raison. On peut aussi en trouver une autre
preuve dans les termes mêmes du traité de
1663, qui ne consacrent que la liberté *d'aller
et de venir*, sans parler du cas de décès. Nous
croyons que cette alliance a laissé subsister
comme droit commun l'incapacité de disposer
et d'acquérir à cause de mort, tout en maintenant, d'un autre côté, l'exception dont béné-
ficiaient les marchands et les militaires.

Le traité de 1715 vint enfin placer les confédérés de confession catholique dans la situation
la plus favorable, en statuant formellement,
moyennant la réciprocité pour les Français,que
les Suisses seront considérés en France comme
des régnicoles, et qu'ils pourront, en conséquence,disposer et acquérir,sur le même pied,
par testament et succession (art. 25 et 26 du
Traité). C'était, on voit,convenir des deux parts

de l'affranchissement absolu des gênes de l'aubaine.

Sur l'importante question du for, nous pensons que ce traité, consacrant sans restriction le système du for naturel, introduit déjà en 1663, chaque possesseur de biens héréditaires devait être recherché devant le juge de son domicile, et, probablement, en cas d'action immobilière seulement devant celui de la situation des biens.

On a vu que M. Vogt fait une différence, au moins pour le cas d'un défendeur résidant en Suisse, entre le for naturel et celui du lieu où le défendeur est *ansaessig*. Il entend ici les mots *juge naturel* comme s'il y avait *juge du lieu d'origine*. Il nous semble qu'ici le savant auteur se trompe. Le traité de 1777, qui reconnut le for d'origine très-exceptionnellement, ne nous semble pas autoriser une interprétation faisant introduire ce for déjà en 1715. A notre avis, le mot *ansaessig* n'est que la traduction allemande du terme *domicilié*.

Il faut bien se rappeler que le traité de 1715 fut signé entre la couronne de France et les États catholiques seulement. Les cantons protestants n'étaient liés vis-à-vis de la France que par le traité de 1663, et l'alliance perpétuelle de 1516. Aussi est-il étonnant de les voir en 1757 élever des plaintes sur la persistance de

la France à exercer l'aubaine sur les biens échus
à leurs ressortissants. Ils font plusieurs fois des
représentations à l'ambassadeur. Cela se comprendrait bien s'il s'agissait d'une violation des
priviléges conférés à tous les militaires suisses
par la paix perpétuelle, et il serait possible
qu'il en fût ainsi, malgré le caractère d'apparente généralité qu'ont les prétentions des ré-
criminants. Toutefois, ils semblent aussi se fon-
der sur quelque traité postérieur à 1516. Ils
déplorent que l'exemption n'ait été reconnue
ni par tous les Parlements ni par tous les tribunaux. Les États évangéliques adressent force
recharges. En 1763, ils réclament une déclaration royale ou des Lettres patentes, ordonnant
l'enregistrement, comme cela avait été fait au
regard de l'Espagne et de la Suède.

Ce mécontentement ne tarde pas à gagner
les États catholiques, et il finit par amener des
mesures de fait. Les États propriétaires du
bailliage de Baden se déterminent en 1763 à
lever provisoirement l'abzug sur les biens des
Français, et à tenir le montant du droit sous séquestre (VII, 2me partie, p. 809).

En 1766, dans les bailliages inférieurs, on re-
tarde la publication d'abolition jusqu'à ce que
l'enregistrement conforme ait été effectué en
France. Le séquestre était encore maintenu en

1708. Il faut ajouter, pour faire mieux com·
prendre ces contestations, que le traité de 1715
ne paraissait pas s'appliquer aux Pays sujets ;
c'était du moins l'opinion des Etats catholiques.
Ils soutenaient contre leurs alliés protestants
que la décision de supprimer dans les bailliages
l'abzug vis-à-vis des Français était absolument
contraire au traité, (*Schnurgerade zuwider-
laüfe*), et ils pensaient qu'il fallait rapporter
cette décision (VII 2ᵐᵉ partie, 916, 917). Nous
renonçons à expliquer la position prise par
chacun des deux groupes d'Etats; il semble
qu'elle aurait dû être précisément inverse.

Quoi qu'il en soit, ces démêlés, d'une part entre les Etats évangéliques et la France, de l'autre entre cette puissance et les propriétaires de
bailliages, ne tardèrent pas à faire sentir le
besoin d'une nouvelle entente.

Les Etats protestants prirent les devants et
conclurent, en 1771, une convention avec la
France *touchant le droit d'aubaine et la
traite foraine*. L'art. 1 stipule une abolition
réciproque de ces droits, mais seulement de
« ceux qui compétaient à sa majesté et aux
« dits louables Etats, sans préjudicier en rien
« aux droits généralement quelconques affectés
« aux domaines particuliers des villes, terres,
« fiefs en leur domination, réservant au con-

« traire aux souverains respectifs la faculté
« d'user du réciproque envers les sujets des
« dites villes, terres ou fiefs qui ne voudront
« pas se relàcher des dits droits. »

Les art. 2 et 3 déduisent les conséquences
du précédent, en accordant aux sujets des États
contractants, de la façon la plus large, le droit
de disposer et de recevoir par dispositions de
dernière volonté, ainsi que celui d'avoir une
succession *ab intestat,* et de recueillir celle de
leurs parents.

Cette spécification prouve ce que nous avons
dit plus haut, de la position antérieure des
États protestants vis-à-vis de la France. Nous
croyons que ce traité les fit passer sans transi-
tion du régime de l'astriction complète à l'aubaine (sauf les priviléges des militaires et des
marchands) sous celui d'une dispense absolue,
qui les assimilait aux régnicoles français.

La seconde disposition capitale de ce traité
est celle contenue dans la seconde partie de
l'art. 3, qui consacre sans limitation le principe de la loi territoriale pour le règlement
même de la succession : « Bien entendu qu'il
« aura été préalablement fait inventaire des
« dites successions par les juges des lieux, et
« que, dans tous les cas ci-dessus exprimés,
« les citoyens et sujets respectifs seront ten us

« aux lois, formalités et droits établis dans les
« États et pays où les dites successions auront
« été ouvertes, à l'exception, cependant, des
« droits d'aubaine et de traite foraine, etc. »

Il paraît, toutefois, que ce traité ne satisfit
pas les confédérés. Il y eut des difficultés d'interprétation. Malgré son apparente clarté, on
le trouvait peu précis. En 1777, Berne le taxe
d'*undeutlich* (VII, 2ᵐᵉ p. 478). Des contestations s'élevèrent aussi sur la portée du traité
vis-à-vis des bailliages (*ibid*, 916). On ne tarda
pas à désirer une révision. En 1776 déjà, il y
eut des délibérations, cette fois, non plus seulement entre les États de l'une des confessions,
mais dans la réunion de tous les membres du
corps helvétique. On prit pour base de la discussion le traité de 1772. Berne proposa d'y
ajouter « que les Suisses auront le droit de con-
« courir sur le même pied que les Français
« pour recevoir les successions ouvertes en
« France, et cela sans différence ni de nation,
« ni de religion, (ibid. 440). » Les cantons catholiques désirent qu'on s'en tienne au traité
de 1715. L'un d'eux, cependant, Fribourg, proposa une modification importante : « Attendu
« que les héritiers d'un Suisse mort en France
« doivent prouver à grands frais leurs titres à
« l'hérédité devant les juges du lieu de la

« mort, » cet Etat demande l'adjonction d'un article permettant aux héritiers suisses de faire juger leurs prétentions *devant leurs juges naturels à eux* (ibid., 454). Cette disposition fut acceptée par la Diète, en septembre 1776 (ibid. 465), et elle vint, restrictivement amendée, probablement à la demande des plénipotentiaires français, constituer l'article le plus important par le développement qu'il a reçu du grand traité de 1777 entre la France et tous les états Suisses.

L'art. 11 de ce traité, après avoir consacré la double institution du *forum domicilii* pour les causes *purement personnelles*, et du *forum rei sitæ* pour les actions réelles, porte « que dans le cas, *néanmoins*, (*denn*) où un « Suisse décéderait en France sans avoir dis- « posé des biens *meubles* qu'il y possédait, et « où *ses plus proches parents seraient tous* « *domiciliés en Suisse*, les difficultés qui sur- « viendraient *entre lesdits parents* à raison de « l'habilité à succéder au défunt seront por- « tées *devant le juge naturel et ordinaire de* « *ces héritiers et parents*; et, réciproquement, « si la même question s'élève entre des parents « et héritiers d'un Français décédé en Suisse, « elle sera décidée par le juge naturel français « dont ils dépendront. »

L'art. 49 maintient les arrangements et traités précédents; le traité de 1772 est nommément confirmé, toujours avec la même réserve à l'égard des droits locaux, dus à des villes ou à des seigneurs particuliers. A cet égard il est entendu que la réciprocité sera observée. Celle-ci est même prescrite comme règle générale :
« Il est expressément convenu que jusqu'à la
« conclusion d'un traité définitif, la réciprocité
» la plus exacte aura lieu, tant à l'égard des suc-
« cessions, qu'à l'égard de tous les autres objets
« qui y sont relatifs, et qui ne sont pas déter-
« minés par le traité de 1776 entre S. M. et les
« états évangéliques. » (Art. 49 *in fine*).

Cette convention, pas plus que les précédentes, ne parvint à établir une parfaite entente entre les deux nations. Cette fois, ce fut la France qui se plaignit. En 1781, dans un *Édit sur les priviléges des Suisses* (*Zeitschrift des b. J. V.*, 1 nov. 1866, p. 139), il est dit « que
« la Suisse n'observe pas la réciprocité, que la
« France pourrait se considérer comme déliée,
« et que c'est par pure bienveillance que le roi
« veut bien conférer aux Suisses de nouveaux
« priviléges. »

Ce traité de 1777, dans lequel nous venons de remarquer l'apparition de la compétence des tribunaux nationaux en matière d'hérédité, fut remplacé en 1798 par le traité d'alliance avec la République française, qui, développant ce principe, établit comme règle ce qui n'était encore que l'exception. Il dispose que « les « contestations qui pourraient s'élever entre « les héritiers d'un Français, mort en Suisse, à « raison de sa succession, seront portées de- « vant le juge du domicile que le Français avait « en France. Il en sera de même à l'égard des « contestations qui pourraient s'élever entre « les héritiers d'un Suisse mort en France. » On voit le changement important. Le for, d'a- bord fixé en 1777, par une dérogation au principe général, au domicile des héritiers tous établis dans le pays d'origine est transporté au domi- cile qu'avait le défunt dans ce même pays : ce qui introduit le principe de l'unité de la suc- cession. M. Roger Marvaise a pu dire très justement que, dans ce nouveau système, le défunt est censé rapatrié au moment de son décès. La disposition de 1798 passa tel'e quelle dans le traité de 1803, puis, presque sans modification, dans le traité de 1828, et enfin, admise en 1869, elle domine encore aujour- d'hui, en matière successorale, tous les rap- ports de la Suisse avec la France.

Nous regrettons beaucoup que le manque de sources ne nous ait pas permis de suivre les progrès de cette idée de 1777 à 1798. Il aurait été intéressant de connaître les motifs qui l'ont fait prévaloir.

Nous nous bornons ici à fixer le principe des deux nouveaux traités franco-suisses. Dans une autre partie nous les étudierons plus en détail.

CHAPITRE II.

DU DROIT D'AUBAINE EN FRANCE.

On appelait en France *aubaine* (1) le droit
en vertu duquel le roi recueillait la succession d'un étranger qui mourait dans ses états
sans y avoir été naturalisé. Ce droit attribuait
aussi au roi la succession d'un étranger naturalisé quand il n'avait pas disposé de ses
biens, et qu'il ne laissait aucun héritier régnicole ou naturalisé, et il s'étendait aussi à celle
du sujet français qui avait renoncé à sa patrie
en s'établissant dans un pays étranger. (Merlin,
Rép. Aubaine.)

Les auteurs ne sont pas d'accord sur l'origine de ce droit. Les uns sont d'avis qu'il ne
date que du milieu du XIV° siècle et qu'il aurait
été établi en haine des Anglais. M. Demangeat
cherche à le rattacher aux anciennes coutumes
des peuples germains, chez lesquels l'étranger,
le *warganeus*, n'était pas admis à la communauté des droits civils et politiques, et était

(1) D'*Albanus, l'Ecossais,* par une sorte de synecdoque;
l'étymologie de *alibi natus,* a été traitée avec raison de
« jeu de mot ridicule. »

même souvent réduit en esclavage. (Demangeat, *Histoire de la condition civile des étrangers en France*, 52, 53, etc.) On pourrait peut-être voir contre ce système une forte objection dans le système de la personnalité des lois, qui s'établit peu après l'établissement des tribus germaines en France, et dura jusque vers la fin du X⁰ siècle. Une discussion sur ce difficile sujet historique nous entrainerait trop loin. Il nous parait, en somme, que si l'on voit chez les Germains les ressortissants d'une tribu étrangère occuper une position à beaucoup d'égards très-inférieure à celle des membres de la tribu dominante, la véritable origine du droit d'aubaine, tel qu'il se développa plus tard, doit se chercher plutôt dans le régime féodal. Déjà dans les capitulaires de Charlemagne de 806, 817 et 837, malgré la faculté accordée par ces lois à tout homme libre de recueillir la succession de son parent mort dans un Etat carolingien, le principe général de l'incapacité est maintenu pour les bénéfices, qui ne pouvaient être recueillis par des héritiers n'obéissant pas au souverain du défunt bénéficiaire (Dem. ibid. 53, « ne forte per hoc, si aliter fuerit, *scanda-* « *lum* aliquid accidere possit. » Ces termes montrent clairement que l'idée maîtresse de la féodalité naissante, celle de la sujétion person-

nelle, était incompatible avec la reconnaissance
d'un droit de succession au-dessus des barrières
de l'Etat. Après la formation de la hiérarchie
féodale, l'idée du lien d'homme à homme arri-
vant à dominer les relations des seigneurs avec
leurs vassaux et leurs serfs, la même conséquence s'établit aussi à l'égard des biens possé-
dés par ces derniers.

Très-généralement dans les premiers temps
de la féodalité toute personne qui passait d'une
seigneurie dans une autre était d'abord sujette
à être réclamée par le maître qu'elle quittait ;
mais ce droit de revendication n'excédait pas
l'an et jour. Après ce délai, le fugitif devait prêter reconnaissance au nouveau seigneur, et il
entrait au nombre de ses serfs. Or, la condition
de ces derniers étant distinguée justement par
la privation du droit de disposer de leurs biens,
qui appartenaient au seigneur, il en résulte que
le membre d'une seigneurie qui la quittait
pour une autre perdait tout droit sur les biens
qu'il pouvait avoir laissés dans la première.

On conçoit que, si telle était la position
même d'un homme libre qui, sans abandonner
le domaine d'un grand vassal français, changeait
cependant de seigneurie, le sort d'un étranger
à la France ne devait pas être meilleur. Ce der-

nier était, en effet, semblablement confisqué de corps et de biens.

C'est ici le lieu de remarquer que cette dernière classe d'aubains devint peu à peu la seule. A dater du commencement du XIVe siècle, précisément à la même époque où le roi commençait à s'attribuer, à l'exclusion des seigneurs, le droit d'aubaine sur les véritables étrangers, l'idée se développa que les Français ne devaient plus, à aucun point de vue, être traités comme ceux-ci. Les coutumes se rangèrent successivement à cette manière de voir, si bien qu'aux XVIIe et XVIIIe siècles, il n'est plus question d'aubains nationaux. Tout ce que nous dirons dorénavant ne se rapportera qu'aux étrangers.

Dans la suite des temps, la position de ces derniers s'améliora elle-même. Ce changement favorable fut très-activé par la prétention des Rois de prendre les aubains sous leur *avouerie* particulière. Les seigneurs, naturellement, s'opposèrent énergiquement à cette manière de voir ; mais les souverains finirent par l'emporter, grâce à la subtilité de leurs légistes, et ils réussirent enfin à faire admettre à-peu-près dans toute la France, que l'aubain qui entrait sur le sol français pouvait, en leur faisant *aveu*, échapper à l'asservissement et faire respecter de tous sa franchise.

Les incapacités dont étaient frappés les aubains ne disparurent pas toutes quand ils entrè-
rent dans la classe des hommes libres. Ils conti-
nuèrent à ne pouvoir ni acquérir, ni disposer
par testament, et à n'avoir aucune succession
abintestat ; mais ils reçurent le droit de donner
et recevoir par donations entre-vifs (Loisel, *Institutes*, L. 1, règle 51). Cette attribution s'ap-
puyait sur les règles du droit romain, dans
lequel la faculté de disposer entre-vifs appartenait aussi bien au droit des gens qu'au droit
civil.

Quant à la couronne, la grande conséquence
pour elle de sa victoire fut de la faire bénéficier
des droits dont restaient privés les aubains.
Malgré les efforts du célèbre Dumoulin, on reconnut généralement, vers la fin du XIV° siècle,
que les biens délaissés par eux appartenaient,
non aux seigneurs justiciers, mais au roi seul.
C'est ce que des lettres patentes de Charles VI,
en date du 5 septembre 1386, établissent formellement pour le comté de Champagne, justement une des provinces où la servitude de
corps exista le plus longtemps au profit des
seigneurs. (Merlin, *aubaine*). Loyseau justifie
cette attribution.

Il demeura bientôt constant que l'aubaine
était un droit domanial appartenant au souverain

et dont il pouvait seul libérer, en accordant des lettres de naturalité. Toutes les dispositions des coutumes excluant ou diminuant ce droit n'étaient dit Merlin (*aubaine*) « d'aucune considération ni d'aucun poids. »

Voyons maintenant plus en détail la situation des aubains. Elle ne tarda pas à recevoir quelque adoucissement.

Dès le XIII° siècle, déjà, en certaines provinces *l'escheoite*, qui existait encore au profit des seigneurs, fut restreinte au cas où l'aubain ne laissait pas à sa mort : « *hoirs legitimes procréés de son corps au dit royaume ;* » cette règle, conservée naturellement par la royauté, se formulait ainsi : « *Espave ou aulbain mort ne peut avoir héritier que son corps.* » On concéda même parfois la faculté de tester jusqu'à concurrence de 5 sols « *sepulturæ gratia* » (Demangeat, 110). Cette faveur cependant ne parait pas s'être maintenue dans la suite. M. Demangeat rapporte lui même (p. 135) que l'on défendit de tester *etiam ad pias causas.* C'est aussi ce que dit Merlin (sous le mot *testament*).

Quant à la privation du droit actif de recueillir par succession ou testament, qu'il faut soigneusement distinguer de l'incapacité de disposer, l'aubain n'en fut jamais relevé : « *Aubains ne peuvent succéder* » dit Loysel (*Institutes,* chap, 1, règle 50) (Demangeat, 111).

On arriva, ensuite, à enseigner la validité du don mutuel que se faisaient deux époux, en général des gains nuptiaux stipulés dans un contrat de mariage. (Demangeat, 33). Allant plus loin, on reconnut l'institution contractuelle d'héritier faite par un étranger en faveur de son conjoint ou de ses enfants, parce qu'un acte pareil, irrévocable comme une donation ordinaire entre-vifs, était tenue plutôt pour un contrat que pour une libéralité à cause de mort. (Demangeat, 133 et suiv.). Rappelons ici, que, conformément au principe général de l'aubaine, le survivant de deux époux étrangers ne pouvait succéder à l'autre, ni *ab intestat,* ni testamentairement, même quand le prémourant ne laissait aucun parent (Demangeat, 134).

Les donations à cause de mort proprement dites étaient considérées comme rentrant dans l'interdiction générale, parce qu'elles n'ont leur effet qu'à la mort de ceux qui les consentent. (Demangeat, 135).

En combinant ces différentes règles, on arriva à cette formule générale : « *L'étranger vit libre et meurt serf en France.* » Il faudrait cependant se garder d'en tirer toutes les conséquences logiques; la première partie, surtout, est beaucoup trop absolue.

Le droit d'aubaine ainsi constitué, on chercha à le justifier. A cet effet, on recourut au grand arsenal des Pandectes, où l'on trouva une abondance de principes généraux sur la capacité des pérégrins, sur la distinction du droit civil et du droit des gens, que l'on appliqua maintes fois à des espèces auxquelles ils ne se rapportaient nullement, (Voir Pothier et Merlin, *passim*.)

Après avoir, ainsi, dit quelques mots de l'histoire du droit d'aubaine, et de ses attributs, il nous reste à examiner les limites et les exceptions qu'on avait admises.

La règle générale était, nous l'avons vu, que la seule clause de dispense se trouvait dans l'obtention de lettres de naturalité.

Ces lettres, d'abord, ne s'accordaient jamais qu'à la condition pour le bénéficiaire d'établir sa résidence en France. Il était même constant que l'étranger naturalisé, en se soustrayant dans la suite à cette obligation, était présumé renoncer au bénéfice du droit dont il avait été gratifié. (Ordon., de 1499, Déclaration de 1720) (Demangeat, 163 et suiv.)

En second lieu, ces lettres étaient toujours personnelles à l'impétrant. Ses héritiers n'en pouvaient profiter qu'autant qu'ils étaient ré-

gnicoles (1).En d'autres termes l'étranger naturalisé était relevé de l'incapacité de transmettre,
mais ses héritiers ne recevaient pas pour cela
le pouvoir de recueillir.

L'étranger devenu Français venant à mourir
ab intestat sans laisser d'héritiers capables
par eux-mêmes, sa succession revenait au roi.
Les seigneurs haut-justiciers n'étaient pas admis dans ce cas à invoquer leur droit de déshé-
rence. Toutefois ils le soutinrent longtemps
mais sans succès. On leur opposait la maxime:
*Beneficium non reflectitur in præjudicium
concedentis* (Demangeat, 166.)

Nous signalons ici, encore, que l'étranger ne
pouvait réclamer la succession d'un parent français, ou naturalisé, tant qu'il existait des héritiers nés en France, même d'un degré plus
éloigné, à moins cependant qu'il ne fût le fils
légitime du *de cujus* (Demangeat, 165.)

La naturalisation formait donc un cas de privilège nominativement accordé. Voyons maintenant d'autres exceptions d'une nature générale.

La plus importante était celle faite en faveur
des enfants régnicoles d'un sujet forain non na-

----

(1) Le diplôme contenait cette clause ; « *proviso quod*
« *heredes sint regnicolæ.* »

turalisé ; ils étaient habilités à succéder à leur père malgré l'extranéité de ce dernier. Dans cette hypothèse, le père, lui, ne pouvait pas recueillir de ses enfants. Aussi Merlin remarque-t-il (Aubaine, p. 428) que c'était un des rares cas où la réciprocité n'était pas observée dans l'ordre des successions. L'inhabilité du père ne cessait même point dans le cas où son enfant né en France avait eu pour mère une Française, décédée elle-même en France (1). Un extrait remarquable des registres de la Chambre des comptes (cité par Demangeat, 971), montre que la faveur accordée aux enfants régnicoles était fort ancienne. Il est intéressant de noter qu'elle profitait même aux enfants nés en pays étrangers, et par conséquent aubains, dans le cas où ils concouraient avec des frères et sœurs français. Les premiers, alors, tout comme les seconds, prenaient leur part dans la succession du père étranger ; on reconnaissait aussi la validité du testament par lequel ce dernier aurait divisé entre eux tous sa fortune. La raison de cette dérogation se comprend facilement, si l'on réfléchit que, l'existence d'enfants légitimes enlevait toute prétention au souve-

(1) **Jugé en 1765** au *Conseil souverain d'Alsace.* (Merlin, Ibid.)

rain, il n'avait plus aucune raison pour ne pas laisser parler l'équité dans une question où il était absolument désintéressé.

Le droit d'aubaine, conséquence invariable de l'extranéité (avec une exception que nous verrons) frappait naturellement tout sujet français qui arrivait à perdre ses droits. Mentionnons seulement cette conséquence sans entrer dans les débats auxquels elle a donné lieu, surtout à propos des religionnaires fugitifs (1).

Disons cependant que s'il n'y avait eu ni condamnation particulière, ni privation générale des droits de citoyens, on était très large en admettant la persistance de l'esprit de retour. Deux arrêts du Parlement de Paris, en 1630 et 1715, jugèrent, ainsi, que les enfants de françaises mariées à des étrangers étaient recevables à succéder en France ; ce qui revient à dire qu'on les considérait toujours comme français.

Quoique, dans la règle, tout enfant né à l'étranger fût regardé comme étranger, on concédait contrairement à ce principe, que l'enfant de Français simplement en voyage

______

(1) Voir, *Recueil des anciennes lois françaises*, par MM. Isambert, etc., une suite d'ordonnances de 1669 à 1699 ; Pothier: *Tr. des succ*; Merlin, *Aubaine*.)

ne perdait pas la nationalité de ses parents par le seul fait de sa naissance hors du royaume.

A qui revenait le fardeau de la preuve, dans le doute si une personne était ou non soumise à l'aubaine ? Merlin (*aubaine*), est d'avis qu'il fallait présumer la capacité, et il dit que telle était la jurisprudence des Parlements.

Nous passerons très-rapidement sur la libération reconnue de différentes catégories de personnes ; ces cas n'offrent pas beaucoup d'intérêt juridique.

Dans l'origine, et jusqu'au règne de Charles VIII environ, les nobles (Demangeat, 157), puis à toutes les époques, les représentants des puissances étrangères, pour les meubles qu'ils possédaient en France, les écoliers des universités, avec quelques dissidences cependant, (ibid; 226), les marchands étrangers fréquentant certaines foires ou habitant certaines villes, toutes ces personnes échappaient à l'aubaine. A cette occasion, les lettres patentes octroyées en 1462 par Louis XI à la ville de Lyon sont remarquables en ce que leur art. 9 permet aux traficants non français qui viendraient en cette ville : « de tester et disposer « de leurs biens, ainsi que bon leur semblera, » en disposant, en outre, « que leur testament « devait avoir son effet comme fait dans leur

« patrie; » et que, dans le cas où ces marchands viendraient à décéder dans le royaume,
« ceux qui étaient les héritiers, *suivant les*
« *statuts, coutumes et usages de leur pays,*
« recueilleraient la succession comme si elle
« eût été ouverte par leur décès dans leur pays
« et domicile, » etc., etc... (*Merlin, aubaine,*
p. 428).

Il y avait aussi, au dire de Merlin, des tem-
péraments reconnus à l'égard des marchands
étrangers qui parcouraient le territoire français pour leur négoce, et qui y décédaient.
D'un autre côté, M. Demangeat, (p. 156), fait
connaître que ce système, patroné par Dumoulin et Choppin, n'avait pas prévalu dans la jurisprudence.

L'édit de 1687, rapporté par Merlin, rangeait
pareillement parmi les régnicoles les marins
et les soldats, dans certains cas déterminés, et
après un nombre fixé d'années de service. Une
ordonnance de François Ier, de 1554, accordait
déjà « à tous gens d'armes et archers qui sont
« bâtards ou étrangers, combien qu'ils n'aient
« obtenu lettres de légitimation, ni congé de
« tester..., que néanmoins ils puissent dispo-
« ser de leurs biens, et *que leurs héritiers*
« *leurs puissent succéder.* » Signalons ici la
concession faite aux héritiers. Merlin ajoute

que cette ordonnance, qui avait été enregis-
trée au siége de la connétablie seulement, ne
pouvait former un titre, et ce qui le prouve,
ajoute-t-il, c'est la faveur sollicitée du roi et
accordée par lui, en 1715 (1), pour récom-
penser les officiers et soldats étrangers à son
service : « Ceux qui auront servi dix ans
« dans les armées royales, et qui en rap-
« porteront des certificats en bonne forme,
« seront réputés naturels français... » Cet édit
ne regardait, du reste, que les gens de guerre
catholiques, et qui, de plus, faisaient au greffe
présidial de leur ressort la déclaration qu'ils
entendaient « toujours demeurer, vivre et
mourir dans le royaume. »

L'édit, de 1715 et en général tous les cas de
dispense que nous venons de voir, appellent
une observation importante. Il faudrait, selon nous, bien se garder d'inférer de ces stipulations que l'affranchissement du droit d'aubaine dépendit toujours d'une collation formelle ou tacite de la naturalité. Un étranger
pouvait être, par traité avec sa nation, dispensé
de la confiscation à sa mort, tout en restant
sujet forain. Nous avons vu que les gens des
Ligues suisses étaient justement dans ce cas.

(1) Remarquez la coïncidence de cette date avec celle du
traité entre la France et les États suisses catholiques.

Nous passons sur la franchise de certaines villes, même de certaines provinces (1) et de quelques catégories de biens, surtout de rentes, pour dire quelques mots de l'exception peut-être la plus importante, celle stipulée dans les traités avec l'étranger.

On en comptait un si grand nombre que d'après un ouvrage portant la date de 1782, l'application du droit d'aubaine était devenue à cette époque très-exceptionnelle. Nous n'entreprendrons pas de cataloguer les convèntions abolitives ; cela ne serait d'aucun intérêt juridique.

Rappelons ici une observation que nous avons déjà faite, sur la manière d'interpréter ces traités; ils devaient l'être toujours limitativement, et suivant les termes mêmes dans lesquels ils étaient faits : de telle façon que, par exemple, la clause permettant simplement au favorisé de transmettre sa succession n'allait jamais jusqu'à habiliter à la recevoir des personnes restées étrangères, etc., etc. La portée de ces traités variait, du reste, beaucoup. Quelques-uns assimilaient complétement aux nationaux, pour l'admissibilité à la succession les

(1) Tel était le Languedoc, (Demangeat, 152).

ressortissants de l'autre nation ; ils contenaient alors très-généralement une clause qui obligeait l'héritier non régnicole à payer au trésor un droit de *détraction*, de 10 et quelquefois de 20 p. 0/0 du montant de la succession. Quelquefois on soumettait à ce prélèvement les biens provenant même d'un étranger, par cela seul qu'ils devaient être exportés (Dem. 220).

Nous laissons de côté la question de savoir si ces traités étaient, oui ou non, abrogés, ou seulement suspendus par l'état de guerre. On la résolvait le plus souvent dans le sens de la suspension. (Merlin, *Aubaine* ; jugé à Paris en 1747).

C'est la conclusion successive de ces arrangements avec les différentes puissances qui rendit peu à peu le gouvernement français plus disposé à accueillir des consuls étrangers, dont une des missions principales était justement de veiller à l'observation des priviléges convenus. Au dire de M. Demangeat (p. 185), on attribuait unanimement à ces consuls, dans le cas où la confiscation royale était écartée, le droit d'inventorier la succession de leurs nationaux, et généralement de prendre les mesures conservatoires.

Le droit d'aubaine, évidemment, n'était pas destiné à survivre à la Révolution. En 1791, un

décret de l'Assemblée constituante l'abolit entièrement, sans exception de nations et sans
réciprocité. Ce décret avait été précédé en
1790 d'une loi dont la portée était restée douteuse.

Nous ne pouvons entreprendre ici la discussion des questions soulevées par ce droit inté-
rimaire, pas plus que l'examen des articles du
C. C. qui revinrent au système de la réciprocité. Ces derniers ont surtout soulevé une vive
controverse entre les auteurs. Les uns esti-
ment que les art. 726 et 912 étaient absolument limitatifs, et ils ne voient dans l'art. 11
qu'une pierre d'attente; les autres rendent à ce
dernier texte son caractère de disposition im-
pérative et de droit commun, les art. 726 et
912 étant simplement énonciatifs. Cette seconde opinion nous paraît la plus juridique; la
grande majorité des auteurs l'a du reste admise.

Ici se présente à nous l'importante loi du 14
juillet 1819, formant le droit actuel, qui re-
donna à tous les étrangers indistinctement la
faculté de transmettre et de recevoir avec la
restriction suivante, art. 2 : « Dans le cas de
« partage d'une même succession entre des
« cohéritiers étrangers et français, ceux-ci pré-
« lèveront sur les biens situés en France une

« portion égale à la valeur des biens situés en
« pays étranger dont ils seraient exclus, à quel-
« que titre que ce soit, en vertu des lois et
« coutumes locales. »

La portée de cette loi, notamment la signification de la réserve finale sont très débat-
tues, et il est indispensable d'entrer dans quelques détails pour tâcher de fixer le sens qu'ont
voulu les législateurs.

Et d'abord aux successions de quels étrangers
et sur quels biens s'appliquera le prélèvement?

Le *de cujus* peut avoir été domicilié à l'é-
tranger ou en France, ou simplement résidant
en France.

Dans le premier cas, certains auteurs, entre
autres M. Rodière, (*Revue de législation*,
1850) veulent appliquer la maxime *mobilia...*
et ils décident conformément, que les meubles
échappent au prélèvement. Cette doctrine est
combattue, il nous semble avec toute raison,
par la très-grande majorité des auteurs. En
effet, si l'on admettait l'idée de M. Rodière, les
cohéritiers français se trouveraient placés dans
une position bien différente selon que le *d. c.*
serait, ou non, domicilié en France ; or, « une
pareille distinction » dit avec raison M. Demangeat (sous Fœlix, I, 146), « paraît aussi con-

« traire à l'esprit qu'aux termes de la loi de
« 1819. » Cette loi est venue concéder aux
étrangers des droits dont ils étaient privés également sur les meubles et sur les immeubles;
ainsi la réserve mise à cette faveur doit porter
de même sur les deux catégories.

Quant aux immeubles, M. Rodière, lui-même,
est d'accord pour les soumettre au second alinéa de la loi en question, même si le *de cujus*
était domicilié à l'étranger (art. 3, C. C.).

Que faut-il décider, maintenant, pour le cas
d'un étranger domicilié en France dans le sens
de l'art. 13, C. C., et y laissant des immeubles
et des meubles ?

Les cohéritiers français pourront se récupé-
rer sur les immeubles : aucune difficulté.

Vis-à-vis des meubles, M. Rodière suppose
d'abord que l'étranger avait perdu sa naturalité d'origine pour devenir français. Alors le C.
C. et la loi de 1819 trouveront, suivant lui, leur
application. Ensuite, se posant le cas où l'étranger, sans avoir perdu sa nationalité, n'a cependant pas marqué l'intention de soustraire sa
succession aux lois françaises, notre auteur décide pour l'application de ces dernières, vu
qu'en demandant l'autorisation d'établir son
domicile en France le défunt avait signifié qu'il
aimait les lois françaises. Les cohéritiers fran-

çais pourront donc se prévaloir de la loi de 1819; il y a dans ce sens un arrêt de cassation du 7 novembre 1826.

Les difficultés commencent pour M. Rodière si l'étranger défunt avait manifesté la volonté que ses biens fussent dévolus suivant la législation de son pays. On peut dire pour le respect de ce désir que l'art. 13 confère un bienfait ne devant point se tourner contre celui qui l'a reçu. Cependant notre auteur appliquerait la loi de 1819, par le motif que, si l'on peut renoncer à une faveur, on doit se soumettre à toutes ses conséquences une fois qu'elle a été acceptée. Cette opinion ne nous paraît pas fondée dans un système dont le caractère est justement de faire la part aussi large que possible à la volonté du *de cujus*. Il faudrait, pour être logique, suivre cette volonté tant qu'elle n'est pas contredite par un texte.

Quid, si le défunt n'avait en France qu'une résidence, sans domicile dans le sens de l'art. 13? Si cet établissement, d'après la loi de son pays, l'a privé de sa nationalité, on admettra les cohéritiers à compléter leur part (Demolombe, p. 96 et 172); sinon, le juge français devra, d'après M. Rodière, apprécier l'intention que le défunt a pu avoir de briser les liens qui le retenaient à sa patrie, et, dans le cas où cette détermination

serait reconnue ou simplement douteuse, le
prélèvement pourrait être exercé. Il en serait
autrement si le *de cujus* avait clairement entendu soumettre sa succession aux lois de son
pays.

Cette dernière opinion nous paraît très-critiquable. En général, ce système de distinctions
professé par M. Rodière est faiblement étayé en
droit strict, s'il serait avantageux en législation.
Il ne trouve aucune base dans le texte de 1819,
qui ne fait aucune différence. La grande majorité des auteurs et des arrêts nous semble être
dans le vrai, en jugeant que cette loi est appli-
quable, dans tous les cas, aux meubles comme
aux immeubles. En vain invoque-t-on la maxime *mobilia*; elle doit céder à la volonté du
législateur, et nous avons vu plus haut que cette
volonté se déduit aisément du contexte de
la loi.

Quant à la nationalité, non plus du défunt,
mais des héritiers, il se présente deux questions :

L'art. 2 suppose explicitement un partage
entre des *cohéritiers étrangers et français*.
On en a conclu qu'il n'est pas invocable lorsque
ce sont des Français qui sont privilégiés par la
loi étrangère sur les biens assis à l'étranger. A
l'appui de cette conclusion, on a observé aussi

qu'il faut combiner les deux articles de la loi, et que le premier, accordant aux étrangers seulement la liberté de succéder, c'est vis-à-vis d'eux seulement que l'art. 2 peut apporter sa restriction. (Voir pour cette opinion, M. Dragoumis, *De la condition civile des étrangers en France*, p. 92, 1864 ; *contra* MM. Demante, t. 3. n° 33 bis, 3 ; Demolombe, Succ. t. 1. n° 203 bis). La question est fort délicate. La solution négative, que nous venons de voir, a le texte pour elle ; l'autre repose uniquement sur des considérations de convenance, très-puissantes, il est vrai. Nous admettrions plutôt la première.

On peut se demander, en second lieu, s'il faut reconnaître le droit au prélèvement quand tous les cohéritiers sont étrangers ? Nous adoptons franchement la négative pour la même raison de texte. La théorie des auteurs est conforme. (Demolombe, Succ. ibid).

Jusqu'ici, nous avons toujours supposé l'existence de biens situés en France et de biens à l'étranger. *Quid* s'il n'existait que des meubles français, le *de cujus* étranger ayant eu son domicile à l'étranger ? M. Rodière, s'appuyant sur son argument favori, soutient que le législateur a eu en vue, non la situation *physique* des biens, mais leur situation *légale*, et que l'extranéité du propriétaire s'étendant aux valeurs, il faudra

écarter la prétention des cohéritiers français.
Nous repoussons cette opinion par l'argument
du texte déjà présenté et par le motif que les
rédacteurs de 1815 n'ont pu vouloir mettre les
intéressés français dans une position moins favorable justement si la fortune est tout entière
située en France :

Une autre question controversée est de savoir si, l'inégalité étant établie au profit de
l'héritier de biens immeubles sis à l'étranger, il
faudra admettre ou non les cohéritiers français
à parfaire sur les biens français ce qui leur revient d'après le Code civil. M. Demolombe se
prononce pour la négative, par le motif, erroné
selon nous, que les héritiers français sont ap-
pelés comme les autres à la succession, celle-ci
étant seulement distribuée différemment par
les deux lois. Cet argument pourrait être invoqué avec le même droit et à l'appui de la même
décision dans tous les cas de concours. Une
seule raison pourrait faire adopter la thèse du
savant professeur; elle se trouverait dans la
convenance, nous ne disons pas l'obligation,
pour les juges français de reconnaître l'application exclusive de la loi étrangère aux immeubles étrangers, et cela par argument *a contrario* de l'art. 3, C. C.

La question la plus délicate, peut-être, s'é-

lève sur l'interprétation des termes de la loi
« *à quel titre que ce soit.* » Malgré la généralité de cette expression, quelques-uns ont
soutenu qu'il fallait que le Français fût écarté
en tant que Français. La majorité des auteurs et
la jurisprudence décident différemment, avec
raison (1). Ainsi, si la loi étrangère établit un
privilége d'aînesse, si elle assimile un avancement d'hoirie à une renonciation, si elle fait
aux fils une part plus belle qu'aux filles, dans
tous ces cas, il faudra admettre le Français
au bénéfice de la compensation. Il est bien alors
exclu, au point de vue de la loi française, par
des dispositions contraires au principe d'égalité
formant la base de cette loi. Mais où faudra-t-il
s'arrêter, et quelle différence faire entre l'héritier *exclu* et celui simplement *laissé de côté?*
Faudrait-il regarder comme exclu un collatéral
éloigné qui viendrait à la succession d'après la
loi française, et qui en serait privé par celle du
pays étranger ? Admettre l'affirmative équivau-
drait à *frapper d'anathème,* comme le dit
très-bien M. Rodière, tous les systèmes de suc-

(1) **M. Demolombe** semble, cependant, partager l'autre
opinion, en disant que l'héritier français ne pourrait en ap-
peler à la loi si ce n'était pas *comme français* qu'il fu ?
exclu.

cession différents du français. Et cependant le même auteur, sans se prononcer autrement sur la question, veut « *appliquer le mot exclu dans son sens le plus large,* » et il prétend que les rédacteurs n'ont pas vu la distinction *subtile* entre *être exclu* et être *non appelé.* S'il nous était permis de proposer une opinion, nous partirions du principe égalitaire de la succession française, pour appliquer le second alinéa de la loi chaque fois seulement que les cohéritiers français se trouveraient au même degré et avec la même qualité, le même titre de parenté vis-à-vis du défunt, que leurs concurrents prétendant au privilége; sinon, nous laisserions cours à la loi étrangère. C'est cette idée qui nous parait avoir inspiré les législateurs de 1819.

Reconnaissons-le cependant; le vague de ces termes « à quel titre que ce soit » donne au juge français un moyen juridique *suffisant* pour appliquer *toujours* sa propre loi aux biens héréditaires situés en France, cela sans violer aucun texte, à moins de traités précis avec la nation dont les ressortissants sont en concours Le répertoire des arrêts fait voir que la tentation n'a pas toujours été surmontée. La Cour de cassation a même, dans un arrêt blâmé avec raison par M. Demangeat (sous Fœlix,

I, 147), supprimé le statut personnel du testateur, en prétendant « que la loi de 1819 indemnise aussi les cohéritiers français des exclusions résultant contre eux de dispositions testamentaires qui, contraires à la législation française, sont autorisées par une législation étrangère, aussi bien que des exclusions prononcées directement par la loi étrangère sans le concours de la volonté de l'homme. » Il s'agissait d'un mineur incapable de tester d'après la loi française et capable d'après la loi espagnole. Nous pensons que le principe général posé par la Cour à l'égard du testament est celui qu'il faut suivre ; en effet (Con^t. Demolombe, *Succ.* t. 1, p. 200, *Dragoumis*, 91) ; mais l'application dans l'espèce nous paraît vicieuse. Le testament ne faisait aucune *exclusion* ; il s'agissait seulement de sa *validité*, que n'atteignait nullement la disposition de 1819.

Il nous reste à voir, à propos de la loi de 1819, une question qui avait une grande importance pour la Suisse sous le traité de 1828. La loi peut-elle être invoquée vis-à-vis des Etats entre lesquels et la France le droit d'aubaine a été supprimé par convention avant le 14 juillet 1819 ? M. Oudin, avocat à la Cour d'Appel de Paris, dans une *Consultation pour les héritiers suisses de M. de Forestier*, 1864, défend avec force la négative par la raison, péremptoire selon nous, que cette loi, ayant eu pour objet d'abandonner le système de la pure réciprocité et d'abolir entièrement et sans conditions le droit d'aubaine en France, ne peut être opposée qu'à ceux des étrangers qui ont besoin de l'invoquer pour pouvoir hériter. M. Oudin s'appuie aussi sur l'opinion de Rossi (*Encyclopédie du droit; abolition de l'aubaine*), et sur celle de Favard de Langlade (*Rép. de Législation*), un des rédacteurs de la loi.

La solution de cette question a été réservée par la Cour de Paris, en 1858, dans un long démêlé entre les tribunaux français et tessinois sur la succession Vanoni : « Attendu, dit la « Cour, que si l'on doit admettre que cette loi « ne saurait être opposée aux Etats avec lesquels « avaient été précédemment stipulés l'abolition « du droit d'aubaine et le droit de successi- « bilité réciproque, selon les lois respectives « de chaque Etat, il n'apparaît pas, etc.

On était alors entre la France et la Suisse sous l'empire du traité de 1828 ; la jurisprudence française soutint très-généralement que ce traité n'avait pu invalider la loi de 1819, parce qu'il n'avait pas été soumis aux Chambres.

Aussi, en 1869, le plénipotentiaire suisse s'est-il efforcé d'obtenir que cette loi fût formellement écartée entre la Suisse et la France. Le gouvernement français n'a jamais voulu faire cette concession, et il déclara préférer rompre les négociations. Il n'y avait plus alors qu'à inscrire en faveur de la Suisse une clause de réciprocité et à exclure l'application de la loi dans tous les cas où des héritiers de l'un des deux pays seraient seuls en concours (art. 5, 2° et 3° alinéa de la Conv. de 1869).

DEUXIEME PARTIE

Du droit de succession en matière internationale depuis les lois abolitives de l'aubaine,

Nous conservons autant que possible, dans toute cette partie, l'ordre logique des matières; nous commençons ainsi par l'étude des mesures conservatoires, qui prennent leur place dans tous les cas, indépendamment de la nature *ab intestat* ou testamentaire de la succession.

CHAPITRÉ PREMIER.

MESURES CONSERVATOIRES.

Ce sujet fournit peu de discussions juridiques. Il est clair qu'en l'absence d'autres arrangements, la seule autorité qui puisse veiller aux mesures dont il s'agit, est celle du lieu où la succession s'ouvre.

Ce principe fondamental, ou cet état de fait, est néanmoins modifié entre un grand nombre d'Etats par des stipulations dérogatoires, notamment par des conventions consulaires, dont le caractère général est d'investir le consul de la nation à laquelle se rattachait le défunt du droit plus ou moins étendu de prendre les dispositions conservatoires conjointement avec l'autorité du pays où le décès a eu lieu.

Nous allons passer en revue quelques-unes de ces conventions dans lesquelles la France ou la Suisse ont été parties. Prenons, pour simplifier et entrer un peu dans le détail, une de ces conventions comme type; nous ne mentionnerons, ensuite des autres que les stipulations qui seraient différentes.

La France et l'Italie en ont une du 24 septembre 1862, qui renferme les dispositions suivantes :

Art. 9 : « En cas de décès d'un sujet de l'une « des deux parties contractantes sur le terri- « toire de l'autre, les autorités locales devront « en donner avis immédiatement au consul « général, consul, vice-consul, ou agent consu- « laire dans la circonscription duquel le décès « aura eu lieu. Ceux-ci, de leur côté, devront « donner le même avis aux autorités locales, « lorsqu'ils en seront informés les premiers. »

« Quand un Français en Italie, ou un Italien « en France sera mort sans avoir fait de testa- « ment, ni nommé d'exécuteurs testamen-

« taires, ou si les héritiers, soit naturels, soit
« désignés par le testament, étaient mineurs,
« incapables ou absents, ou si les exécuteurs
« testamentaires nommés ne se trouvaient pas
« dans le lieu où s'ouvrira la succession, les
« cousnls généraux, etc., auront le droit de pro-
« céder successivement aux opérations sui-
« vantes :

« 1° *Apposer les scellés*, soit d'office, soit
« sur la demande des parties intéressées sur
« tous les effets, meubles et papiers du défunt,
« en prévenant de cette opération l'autorité
« locale compétente, qui pourra y assister et
« apposer également ses scellés.

« Ces scellés, non plus que ceux de l'agent
« consulaire, ne devront pas être levés sans que
« l'autorité locale assiste à cette opération. »

« Toutefois, si après un avertissement adressé
« par le consul, etc., à l'autorité locale, celle-ci
« ne s'était pas présentée dans un délai de
« 48 heures, cet agent pourra procéder seul à
« ladite opération.

« 2° *Former l'inventaire* de tous les biens
« ou effets du défunt, en présence de l'autorité
« locale, si par suite de la notification sus-indi-
« quée, elle avait cru devoir assister à cet acte.

« 3° *Ordonner la vente aux enchères pu-*
« *bliques* de tous les effets mobiliers de la suc-

« cession qui pouvaient se détériorer, et de
« ceux d'une conservation difficile, comme
« aussi des récoltes et effets pour la vente des-
« quels il se présentera des circonstances favo-
« rables.

« 4° *Déposer en lieu sûr les effets et va-
« leurs inventoriés,* conserver le montant des
« créances que l'on réalisera, ainsi que le pro-
« duit des rentes que l'on percevra, dans la
« maison consulaire, ou les confier à quelque
« commerçant présentant toutes garanties. Ces
« dépôts devront avoir lieu, dans l'un ou l'autre
« cas, d'accord avec l'autorité locale qui aura
« assisté aux opérations antérieures, si, par
« suite de la convocation mentionnée au § sui-
« vant, des sujets du pays ou d'une puissance
« tierce se présentaient comme intéressés dans
« la succession *ab intestat* ou testamentaire. »

« 5° *Annoncer le décès et convoquer* au
« moyen des journaux de la localité, et de ceux
« du pays du défunt, si cela était nécessaire,
« les créanciers qui pourraient exister contre
« la succession *ab intestat* ou testamentaire,
« afin qu'ils puissent présenter leurs titres res-
« pectifs de créance, dûment justifiés, dans le
« délai fixé par les lois de chacun des deux
« pays.... »

Les 5 rubriques que nous venons de parcourir se retrouvent dans presque toutes les autres conventions que nous avons sous les yeux, et les règles qui sont fixées sous chacune d'elles sont à peu de choses près les mêmes:

1° Les autorités territoriales et consulaires doivent s'aviser réciproquement du décès.

2° Les consuls ont l'attribution de poser leurs scellés, avec ou sans le concours de l'autorité locale, qui peut croiser les siens, mais qui doit toujours être prévenue. Les scellés, simples ou doubles, doivent être levés en commun dans tous les cas. A cet effet, obligation réciproque pour chacune des deux autorités d'avertir l'autre de ses démarches à l'égard des scellés.

3° Droit exclusif pour les Consuls de former l'inventaire, après notification à l'autorité locale, et faculté réservée à cette dernière d'apposer sa signature en bas des procès-verbaux.

4° Compétence également exclusive des autorités consulaires pour ordonner la vente de certains effets mobiliers.

5° Faculté pour eux de faire déposer en lieu sûr les effets inventoriés, l'accord de l'autre autorité étant réservé dans le cas où des sujets du pays ou d'une tierce Puissance élèveraient des prétentions à la succession.

La convention entre la France et les Pays-Bas,

de 1855, ne contient sur la matière qu'un art. 11, prescrivant à l'autorité territoriale d'avertir du décès les agents consulaires.

Celle avec l'Autriche, de 1866, est presque identique sur ce point à la franco-italienne.

Par contre, une *Convention sur le règlement des successions*, signée le 1ᵉʳ avril 1874 entre la France et la Russie, présente quelques changements importants.

L'art. 1ᵉʳ sanctionne ainsi, le principe que les autorités compétentes du lieu de la mort sont tenues de prendre, à l'égard des biens mobiliers et immobiliers du défunt, les mêmes mesures conservatoires que celles qui, d'après la législation du pays, doivent être prises à l'égard des successions de nationaux, sous la réserve des stipulations de la convention.

A l'art. 2, il est statué que l'apposition des scellés, « doit avoir lieu, autant que possible, « en commun. » La levée *doit* en être faite en concours, à moins que l'autorité invitée par celle qui a pris l'initiative, ne se présente pas dans un délai de 48 h. depuis l'avertissement. Le même délai devra s'écouler depuis l'avis donné à l'autre avant qu'une des deux autorités puisse dresser seule l'inventaire.

D'après l'art. 4, une fois que l'inventaire a été établi, l'autorité territoriale délivrera à la consulaire, sur demande écrite et d'après l'inventaire, *tous les biens meubles* dont se compose la succession, ainsi que le testament s'il en existe.

La vente des objets mobiliers sujets à dépérissement doit se faire dans le délai prescrit par la loi du pays.

Enfin, suivant l'art. 5, le consul doit conserver à titre de *dépôt*, seulement, toutes les valeurs dont il se trouve en possession jusqu'à l'expiration d'un [délai de **6** ou de **8** mois, à compter du jour du décès, selon qu'il a été fait, ou non, des publications par l'autorité locale. Après ce délai, s'il n'y a pas eu de réclamation, le consul entre définitivement en possession de la succession mobilière.

Arrêtons-nous un instant sur la position des consuls suisses vis-à-vis des autorités étrangères relativement aux opérations provisoires.

La Confédération n'a fait avec aucune puissance de conventions consulaires donnant aux consuls suisses les attributions étendues que nous venons de voir. Il faut dire, pour l'expliquer, que ces pouvoirs ne sont que le corollaire obligé du droit exclusif reconnu généralement aux consuls de liquider au moins les successions mobilières de leurs ressortissants. Or, les agents consulaires suisses, n'ayant dans la règle pas ce droit,

ne sauraient avoir non plus une compétence qu'il peut seul motiver. Même le *traité franco-suisse de* 1869, qui cependant règle la liquidation suivant la loi du pays d'origine, muet sur notre objet dans son art. 5, visant les successions, porte à l'art. 10, traitant de la tutelle, que « les contestations auxquelles l'établisse-
« ment de la tutelle et l'administration de la
« fortune des mineurs pourront donner lieu
« seront portées devant l'autorité compétente
« du pays d'origine, sans préjudice toutefois
« des lois régissant les immeubles *et des me-*
« *sures conservatoires que les juges de la*
« *résidence pourront ordonner.* »

Cette disposition, malgré la signification stricte du terme *pourront*, semble bien, dans son esprit, réserver à l'autorité territoriale le droit exclusif de prendre, d'office ou sur réquisition, toutes les mesures conservatoires, et nous croyons que l'autorité consulaire de l'autre pays serait mal venue à réclamer cette compétence, que ne lui donne aucun texte, et qui ne peut évidemment se présumer. C'est du reste ainsi qu'est généralement interprétée la convention, quoiqu'il se soit trouvé des occasions où l'on a bien voulu admettre les consuls français ou suisses à concourir aux opérations dont il s'agit.

Le texte du Règlement pour les consuls

suisses tranche, d'un autre côté, nettement la question pour tous ces consuls en général, y compris ceux établis en France, en l'absence de disposition formelle de la convention de 1869. L'art. 20 porte que « les consuls, en cas de « décès, sont autorisés *en tant que les lois du* « *pays le permettent,* à exercer provisoire- « ment l'office d'une autorité de tutelle... En « conséquence, ils feront procéder par *l'auto-* « *rité compétente* à l'apposition des scellés « sur la succession et feront dresser l'inven- « taire, etc. »

En 1850, les délégués de la Confédération se sont efforcés, en vain, d'obtenir des Etats-Unis d'Amérique pour les consuls suisses les pleins pouvoirs d'administrer la succession de leurs compatriotes défunts. (F. F. 1855, I. 336; F. F. 1855, II. 43).

CHAPITRE SECOND.

DE LA SUCCESSION AB INTESTAT.

§ 1. *Loi de la situation pour les meubles comme pour les immeubles.*

Nous devons à l'entrée de ce chapitre faire une observation importante :

Il y a dans toute question de succession en droit international deux débats qui peuvent se présenter, l'un sur la compétence des tribunaux, l'autre sur la loi qu'il faut suivre. Ces deux points de vue sont, logiquement, parfaitement distincts. On comprend très-bien qu'un tribunal une fois, déclaré compétent, puisse appliquer une loi qui ne serait pas la sienne. En fait, les choses se passent assez souvent ainsi, notamment chez les nations dont la jurisprudence admet la formule *mobilia...* Ce cas cependant ne se présente guère qu'en l'absence de conventions entre les pays dont il s'agit. On ne comprendrait pas, en effet, qu'un traité reconnût la juridiction d'un tribunal et lui permît en même temps de juger selon une autre loi, ce qui enlèverait toute signification à l'attri-

bution de compétence. Aussi ne distinguerons-
nous pas toujours à l'avenir les deux questions
du for et de la législation, et, quand nous ne
dirons rien de leur opposition, en parlant d'un
traité ou d'un système quelconque, il sera bien
entendu que la première, une fois résolue, en-
traîne la décision conforme de l'autre.

Le système que nous étudions sous ce para-
graphe consiste à appliquer universellement la
loi de la situation des biens, aux meubles
comme aux immeubles. Il découle directement du principe absolu de la souveraineté de
l'État sur toutes les choses comprises dans son
territoire. Pour cette raison, c'est le premier
système qui fit son apparition dans l'histoire.
Nous pourrions citer bien des faits qui le prou-
vent. Rappelons seulement un privilége octroyé par Philippe de Flandre en 1174, à la
ville d'Ypres, d'après lequel les biens des habitants de ce ressort, quoique situés sous
l'empire d'autres coutumes, devaient être par-
tagés *ab intestat* d'après le droit d'Ypres (cité
par M. Fœlix). Cette concession met en lumière
le principe général qu'elle venait restreindre.
Ce principe était aussi à la base du droit d'aubaine (1). Dans ce siècle-ci, on tend géné-

(1) Savigny prétend même que la dévolution des meu-

ralement à l'abandonner pour un système mixte, que nous verrons plus tard, et qui consiste à appliquer aux meubles la *lex domicilii*, tout en laissant régir les immeubles par celle de la situation. Toutefois, la soumission des deux espèces de biens à la dernière de ces lois est jugée, encore aujourd'hui, par plusieurs jurisconsultes, seule conciliable avec le respect dû à l'indépendance des États, comme avec les exigences de l'utilité. Cette opinion a, entre autres, pour elle l'autorité imposante de Marcadé (t. I, n° 78, *Traité de la prescr.*, art. 2219, n° 6 (1). On leur oppose vainement l'avantage qu'il y a à soumettre les meubles à la loi du domicile, à cause du manque d'assiette fixe qui distingue cette classe de biens. Ils répondent que le domicile est tout aussi variable, et Marcadé conclut : « Puisque la soumis-
« sion des meubles, à cette loi (celle du domi-
« cile), ne peut jamais être que précaire et
« instable, on doit reconnaître la soumission
« instable à la loi du pays où ils sont, plutôt
« que la soumission, instable également à la

bles d'après la loi de la situation n'est qu'un reste du d.oit d'aubaine. M. Bar (p. 380) dit, avec raison, qu'on ne peut pas démontrer historiquem nt l'exactitude de cette allégation.

(1) Cette opinion est suivie par M. Dragoumis, p. 89.

« loi du domicile. » On pourrait répondre qu'on déplace, en fait, moins facilement son domicile que ses meubles, et que, du reste, le mérite de la règle *mobilia...* est plutôt de réunir fictivement ces derniers au siége légal de la personne, malgré leur dissémination dans le ressort de différentes lois, quelle que soit, du reste, la mobilité de ce domicile. Si Marcadé et ses adhérents nous semblent ainsi avoir tort au point de vue de la loi à faire, leurs arguments nous paraissent victorieux à celui de la loi existante qu'ils ont en vue, le Code civil. Le système vacillant de leurs adversaires, qui, outre l'exception de la loi de 1819, en font encore une autre pour le cas de deshérence, nous paraît beaucoup moins conforme au droit strict. Nous n'avons pas, cependant, l'intention d'entrer dans une discussion sur ce point, trop en dehors de notre sujet.

La théorie que nous examinons a été, en particulier, suivie constamment par le Conseil fédéral suisse, appelé à décider, dans le conflit des législations cantonales, quelle loi devait trouver place en l'absence de concordat. Le rôle d'arbitre entre États souverains, obligeant cette haute autorité à demeurer sur le terrain du droit le plus strict, ne lui permettait guère, du reste, de juger autrement.

Arrêtons-nous un moment sur les recours qui ont donné lieu à des décisions dans ce sens.

En 1852, d'abord, le C. F. décide, dans l'affaire *Furian*, que l'exequatur d'un jugement successoral rendu dans un canton non-concordataire ne peut être exigé sur des immeubles situés dans un autre canton également étranger au concordat de 1822. (*Ullmer* I. *n°* 224), malgré l'art. 49 de la constitution fédérale. Mêmes décisions en 1855,(Ibid. I. n° 273, 274.)

Voilà pour les immeubles. Le C. F. adopta la même idée pour les meubles, notamment dans la cause *Schoch*, en 1862, (*Ull.* II. 876, *Blumer* II. 147.) Un grand nombre d'arrêtés l'ont appliquée, tous motivés sur l'art. 3, de la C. F. Il y a à remarquer, cependant, que ces décisions n'ont pas toutes la même portée; les unes résolvent uniquement la question de compétence, tandis que d'autres déclarent, de plus, exclusivement applicable la législation du canton où les biens, meubles ou immeubles, sont situés. Ainsi nous lisons dans un arrêté du 8 nov. 1872 (*Rapp. Dép. J. et P. p.* 22.) que: « Il ne « s'agit ici de savoir si l'on appliquera à teneur « de..., la loi du canton des Grisons, ou celle « de Schwytz, *mais simplement de décider* « *quel est le for compétent pour connaître de* « *ces contestations.* » Et le même Conseil avait statué l'année précédente, dans un cas identique, « qu'il doit être procédé au partage des « biens laissés par..., de telle sorte que les par- « ties de l'héritage situées dans les cantons « de... *soient dans chacun de ses cantons* « *réparties entre les ayants-droit d'après* « *la loi du canton.* »

« Les décisions des autorités cantonales qui « seraient contraires au présent arrêté seront « annulées. »

En 1856, à propos d'une contestation de droit matrimonial, il est vrai, le C. F. avait nettement reconnu : « qu'il n'est certainement pas « nécessaire de démontrer que dans chaque « pays les *tribunaux ont pour règle d'appli-* « *quer les lois du pays,* et que l'application « des lois étrangères forme l'exception, *qui* « *doit* être autorisée par des traités, par des « dispositions législatives fédérales, ou par les « lois du pays lui-même. (Ull. I. 559.) »

Ce manque de fixité n'a aucune importance pratique. Le juge du for compétent, une fois définitivement nanti, a toujours, à notre connaissance, appliqué sa propre loi, dans les cas qui ont donné lieu à des recours, de façon qu'on n'a pas eu lieu de discuter s'il eût fallu admettre une réclamation dans le cas contraire.

En matière proprement internationale, nous

trouvons aussi quelques cas d'application du
principe que nous discutons. Il est reconnu implicitement dans un cas rapporté par *Ullmer*,
(II. 1229). Après une longue correspondance
diplomatique, la législation autrichienne en
Suisse signifia, par une note du 29 janvier 1857,
que son gouvernement ne pouvait remettre à
celui du Tessin les meubles d'un Tessinois mort
en Autriche qu'après une déclaration préalable
de réciprocité future.

La convention consulaire de 1862, entre la
France et l'Italie, semble s'être rangée au
même système. Il est dit, en effet, à son art. 6,
sans distinction entre les meubles et les immeubles, que dans le cas où les prétentions de
sujets du pays ou d'une tierce puissance à la
succession testamentaire ou *ab intestat* fe-
raient naître quelques difficultés : « Les con-
« suls, etc., n'ayant aucun droit pour termi-
« ner ou résoudre ces difficultés, *les tribu-*
« *naux du pays du décès devront en con-*
« *naître selon qu'il leur appartient d'y*
« *pourvoir ou de les juger.* » Il résulte de
renseignements pris auprès de la légation et du
consulat général d'Italie, à Paris, qu'effective-
ment les immeubles sont dévolus d'un commun accord, selon la *lex rei sitæ*. Quant aux
meubles, les représentants de l'Italie soutien-

nent qu'ils doivent l'être selon la législation
d'origine.

L'un des trois traités contenant des dispositions sur le for qu'a conclus la Suisse, celui
avec l'Amérique du Nord, stipule, à l'article 6 :
« Die Streitigkeiten, welche unter den Anspre-
« chern einer Erbschaft über die Frage entste-
« hen konnen, wem die Güter zufallen sollen,
« *werden durch die Gerichte und nach den*
« *Gesetzen des Landes beurtheilt, in wel-*
« *chem das Eigenthum liegt.* » (*Blumer.*)
Nous avons vu que les tentatives pour modi-
fier ce traité ont échoué devant la résistance
des Américains.

Le traité de 1856 entre *la Suisse et le
Grand-Duché de Bade* consacre le même
principe, mais dans le cas seulement où les
biens se trouvent en totalité dans l'un ou l'autre
des pays : « Sollte unter denjenigen, welche
« auf die gleiche Verlassenschaft Anspruch
« machen uber die Erbsberechtigung Streit
« entstehen, so wird nach den Gesetzen und
« durch die Gerichte desjenigen Landes ents-
« chieden werden, in welchem das Eigentum
« sich befindet. » Le second alinéa fait une
exception importante au principe de la situation, en statuant ainsi : « Liegt der Nachlass
« in beiden Staaten, so sind die Behoerden des-

« jenigen Staates kompetent, dem der Erblas-
« ser bürgerrechtlich angehört, oder in wel-
« chem er zur zeit des Fodes wohnte, wenn
« er nicht Bürger eines der contrahirenden
« Staaten war. » Nous verrons dans la suite le
système auquel cette disposition se rattache.

§ 2. — *Loi de la situation pour les immeu-bles ; loi du domicile pour les meubles.*

On a senti de bonne heure, au moins entre
pays voisins, la nécessité de faire pour les meubles une exception à la théorie que nous venons
de voir. On admit ainsi, de bonne heure, entre
les provinces françaises, que les meubles seraient considérés comme suivant la personne
de leur propriétaire : les anciens auteurs expri-
maient cela énergiquement en disant : *mobilia
ossibus inhærent.* M. Bar (p. 379 et suiv.),
explique très-bien la raison qui a rendu cette
fiction nécessaire. Il observe d'abord que, chez
les anciens auteurs, on trouve à peine un cas
d'application de cette formule, où il s'agisse
véritablement d'un droit réel. On l'a inventée
uniquement pour écarter une pluralité de lois,
paraissant déraisonnable, dans la succession
mobilière, d'un côté, et dans le droit matrimonial, de l'autre. Or, comme le droit de succession et celui sur les biens du mariage étaient
considérés anciennement comme des droits

réels particuliers, et qu'il était bien reconnu que cette espèce de droits était régie par la loi du lieu où était situé l'objet affecté, on ne pouvait se tirer d'affaire qu'en réputant les meubles assis au domicile des époux, et à celui du défunt.

Rappelons encore que cette maxime, universellement reconnue dans l'intérieur de la France n'était nullement observée vis-à-vis des étrangers (1).

L'opinion intermédiaire dont nous traitons ici est suivie très généralement par la jurisprudence et par les auteurs français, mais avec la réserve de la loi de 1819. Elle a été consacrée par un grand nombre d'arrêts, tout récemment, le 2 mai 1874, dans l'affaire *de Rumine,* par la Cour d'appel de Paris :

« Relativement aux meubles placés sous les
« scellés,

« Considérant, à ce sujet, que le domicile du
« *de cujus* était à Lausanne, que Lausanne a
« été ainsi, *suivant le principe adopté géné-*
« *ralement*, le lieu de l'ouverture de la succes-
« sion.... » (*Journal des Frib., vaudois du*
1er *Juin* 1874.)

----

(1) Fœlix l'affirme cependant, mais à tort, ainsi que l'observe M. Demangeat. (F. I. 129.)

§ 3. *Loi de la situation pour les immeubles et loi du pays d'origine pour les meubles.*

Cette conception est celle des trois importantes conventions consulaires entre la France d'une part, la Suisse, l'Autriche et la Russie, de l'autre. En effet, ce système a un caractère conventionnel très-marqué. On n'a jamais, à notre connaissance, reconnu judiciairement pour les meubles l'application de la loi d'origine, indépendamment de toute question de domicile, sans qu'un texte de traité ne fît décider ainsi (1), au lieu que le système précédent à la nature d'un accommodement de droit commun et équi-

(1) Mentionnons ici *l'état de fait* singulier existant, en l'absence complète de convention, entre les États-Unis et la France. D'après des renseignements pris au *Consulat général des États-Unis* à Paris, les consuls américains en France, s'ils sont informés du décès d'un national ayant l'autorité française, se hâtent de recueillir et d'envoyer en Amérique tous les effets mobiliers du défunt, qui sont alors répartis suivant les lois américaines ; si ces consuls sont prévenus par l'autorité française, les meubles eux-mêmes sont alors dévolus suivant la loi française, et les contestations qui naîtraient seraient tranchées par les tribunaux français. La question est ainsi entièrement de promptitude.

table, que ne sanctionne aucun texte, et qui est né uniquement de la *comitas nationum*.

Nous avons déjà dit quelque chose du traité de 1828 entre la France et la Suisse. Voyons-le d'un peu plus près. Il portait: « Les contesta- « tions qui pourraient s'élever entre les héri- « tiers d'un Français mort en Suisse à raison « de sa succession seront portées devant le juge « du dernier domicile que le Français avait en « France. La réciprocité aura lieu à l'égard des « contestations qui pourraient s'élever entre « les héritiers d'un Suisse mort en France. » La brièveté de ce texte, en face du système suisse des bourgeoisies, fit naître des discus- sions sur la portée de ces mots : « La *récipro- cité*, etc.. » Les uns prétendaient qu'ils insti- tuaient entre la Suisse et la France le même système qu'entre les cantons concordataires, celui du for au *lieu d'origine*. C'est, entre au- tres, l'opinion de M. Blumer, (II. p. 273 et 275). D'autres, s'en tenant au sens le plus strict de la clause de réciprocité, estimaient que le for éta- bli était celui du *dernier domicile en Suisse*. M. Vogt (*Loc. cit.*), partage cette manière de voir, et cela très justement. Quelle qu'ait été, en effet, l'intention des rédacteurs suisses, la pre- mière partie de la disposition ne parle que du domicile pour les successions de Français, et la

réciprocité exacte ne peut s'entendre non plus
que dans le sens du domicile pour le défunt
suisse. Un for tout à fait spécial à la législation
suisse ne peut être introduit par interprétation
unilatérale dans un traité international, qui
n'en dit pas un mot.

On a fait cependant à cette doctrine une objection assez forte : Un très-grand nombre de Suisses établis en France n'ont jamais eu de domicile réel dans leur pays, devant qui porter les
contestations que leur succession pourrait sus-
citer, si ce n'est devant le juge de leur lieu d'o-
rigine ? Dans ce cas là, il fallait bien entendre ce
for, qui est le seul possible en Suisse, puisque le
traité revient à dire : « devant le dernier domicile
en Suisse » mais ce n'était cependant pas une
raison suffisante pour reconnaître le for d'origine, contre le texte du traité, quand le défunt
avait eu un établissement dans son pays. Un
arrêt rendu par la Cour d'appel de Paris en 1864,
dans l'affaire *Gilly*, rapporté par M. Oudin,
consult., *précitée*) quoique peu clair à cause
du terme à double entente *domicile d'origine*,
nous paraît plutôt dans notre sens.

Quoi qu'il en soit, la Convention de 1869
vint mettre fin à tous les doutes, en se déclarant
nettement pour la compétence exclusive des
autorités du *lieu d'origine*. Son art. 5 convient

que : « Toute action relative à la liquidation et
« au partage d'une succession testamentaire ou
« *ab intestat* et aux comptes à faire entre les
« héritiers ou légataires sera portée devant le
« tribunal de l'ouverture de la succession, c'est-
« à-dire, s'il s'agit d'un Français mort en Suisse,
« devant le tribunal de son dernier domicile en
« France, et s'il s'agit d'un Suisse décédé en
« France, devant le tribunal de son lieu d'ori-
« gine en Suisse. Toutefois, on devra pour le
« partage, la licitation ou la vente des immeu-
« bles, se conformer aux lois du pays de leur
« situation »

Remarquons, d'abord, que ce texte, à la fois
plus étendu et plus précis que celui de 1828,
soumet explicitement les immeubles à la loi
du pays où ils sont situés, ce que la jurisprudence de la Cour de cassation française avait du
reste admis déjà sous le traité de 1828, depuis
la liquidation *Vanoni* (1859). Mais qu'en est-il
pour les meubles ? Pourrait-on, en se basant sur
l'intitulé de la Convention de 1869 (*Conv. sur
la compétence judiciaire et l'exécution des
jugements*, et sur ces mots : *contestations
seront portées*..., soutenir qu'à l'égard des
meubles elle est uniquement attributive de
juridiction et fixative de for, mais qu'elle laisse
absolument intacte la question de la législation

à suivre ? Cette opinion a été plusieurs fois soutenue, tantôt par des intéressés français, tantôt par des suisses. Elle nous paraît, cependant, absolument contraire au texte et à l'intention du traité.

En premier lieu, cela ressort nettement *a contrario* de la clause sur les immeubles, ainsi que les plénipotentiaires français l'ont justement fait observer dans les conférences (*Notes sur les Conférences. Archives de la Légation suisse à Paris.* Ces plénipotentiaires ont déclaré catégoriquement « *qu'il ne pouvait exister aucun doute à cet égard.* » (*Message du C. F. aux Chambres,* sur la Convention, p. 18).

L'argument tiré du titre du traité n'a pas plus de force. En interprétant une loi, il faut s'attacher au dispositif, quels que soient les vices du titre sous lequel il est placé. Et puis la Convention de 1869 renferme elle-même plusieurs dispositions qui dépassent complétement la question de compétence et déterminent la loi qu'il faut suivre (Voir les art. 6, sur la *faillite*, et 10, sur la *tutelle*, etc.)

Le Conseil Fédéral soutient lui-même notre opinion; il la professait déjà sur l'art. 3 correspondant du traité de 1828. Nous lisons, en effet, dans une lettre de cette autorité, adressée le 30 juin 1858 au ministre de Suisse à Paris, à

l'occasion du différend entre les héritiers *Va-*
« *noni* : Nous avons toujours entendu l'art. 3
« dans ce sens qu'il ne concerne pas seulement
« les dispositions de for et de procédure, mais que,
« s'agissant d'un partage d'une succession, ce
« sont, *en vertu de cet article, les lois du pays*
« *d'origine du défunt qui doivent être appli-*
« *quées,* et cela même dans le cas où une par-
« tie de la succession consiste en immeubles
« situés sur le territoire de l'autre Etat. Nous
« appliquerons, le cas échéant, le traité dans ce
« sens. »

C'était à l'effet de repousser l'application de
la loi de 1819 ; elle fut admise cependant par
le Tribunal de la Seine, dont le jugement fut
confirmé en appel à l'unanimité. Le tribunal
prétendit « qu'il résultait clairement des dispo-
« sitions de l'art. 10 du traité de 1803 (3 de
« 1828) que cet article n'avait d'autre but que
« de régler entre les deux États, tant en matière
« personnelle et mobilière, qu'en *matière de*
« *succession,* la compétence et la juridiction
« de leurs tribunaux respectifs, en raison des
« rapports de leurs sujets, mais que ce traité
« *n'apportait au fond aucune modification*
« *aux lois et aux coutumes particulières à*
« *chacune des deux nations.* » Ce jugement,
que nous croyons mal fondé, ne serait plus un

argument aujourd'hui en faveur de nos adversaires, même dans le cas où on l'approuverait depuis l'entente bien établie en 1869 à propos de la loi de 1819, seule visée par le tribunal.

En vain, nos adversaires, forcés d'avouer que le tribunal dont la compétence est une fois reconnue, doit appliquer sa législation, se retranchent-ils derrière cette autre considération. Profitant de ce qu'un grand nombre de Codes suisses restent muets sur le cas d'un ressortissant mort à l'étranger, ils prétendent que, les tribunaux de ces cantons pourraient, par exemple, admettre qu'en cas pareil leur propre loi a voulu s'exclure elle-même, et reconnaître la loi française. Cela faisant, dit l'opinion que nous combattons, ces tribunaux appliqueraient *leur propre loi*!!!.

L'étrangeté de cette argumentation a de quoi surprendre. Appliquer la loi française serait appliquer la loi vaudoise!! Il est superflu de qualifier ce mode d'interprétation, qui transporte le jeu de mots en jurisprudence, et de faire observer que les rédacteurs ont évidemment entendu prescrire de suivre les *articles* des différents Codes sur la succession, et non pas des dispositions imaginaires que ces Codes n'ont jamais contenues. Nous croyons qu'un article contraire devrait être cassé comme violant la convention de 1869.

La Convention franco-autrichienne de 1866 contient, de même, pour les meubles attribution de juridiction aux tribunaux du pays auquel appartenait le défunt, en conservant pour les immeubles la loi de la situation; art. **2** : « La « succession aux biens immobiliers sera régie « par les lois du pays dans lequel les immeu-« bles seront situés, et la connaissance de toute « demande ou contestation concernant les suc-« cessions immobilières appartiendra exclusi-« vement aux tribunaux de ce pays » (1).

« Les réclamations relatives aux successions « mobilières ainsi qu'aux droits de succession « sur les effets mobiliers laissés dans l'un des « deux pays par des sujets de l'autre pays, soit « qu'à l'époque de leur décès ils y fussent éta-« blis, soit qu'ils y fussent simplement de pas-« sage, seront jugées *par les tribunaux ou* « *autorités compétentes de l'Etat auquel ap-* « *partiendra le défunt, et conformément* « *aux lois de cet Etat.* »

Remarquons que ce traité ne parle nullement d'un for au lieu même d'origine, l'Autriche ne connaissant très-probablement pas plus

---

(1) En Autriche une loi de 1854, citée par Bar (387) a imposé aux tribunaux l'obligation d'appliquer la loi du pays aux successions immobilières des étrangers.

que la France l'institution des bourgeoisies, qui, seule, peut donner naissance à ce for. Constatons aussi que la question de législation est identifiée à celle du for.

La Convention de 1874, entre la France et la Russie, contient des dispositions semblables, sauf cependant une restriction importante. L'art. 10, second alinéa, de cette convention, après avoir établi pour les contestations en matière mobilière le for du pays d'origine, ajoute: « à « moins qu'un sujet du pays où la succession est « ouverte n'eût des droits à faire valoir à la dite « succession, » et l'alinéa suivant explique que, dans ce cas, pourvu que la réclamation soit présentée avant l'expiration des délais fixés à l'art. 4, ce seront les tribunaux du lieu où la succession s'est ouverte qui auront à décider d'après leur loi. Cette distinction est de natu re à écarter de fréquents conflits de législation, et elle nous paraît très-heureusement fondée.

Cette même convention décide aussi très sagement un cas pouvant soulever des difficultés entre les Etats qui ne l'ont pas prévu :

« Les dispositions de la présente conven- « tion, dit l'art. 12, s'appliquent également à « la succession d'un sujet de l'un des deux Etats « qui, étant décédé hors du territoire de l'au

« tre État, y aurait laissé des biens mobiliers ou
« immobiliers. »

Nous avons encore au nombre des textes qui
établissent le système de la loi du pays originaire pour les meubles une *Déclaration* faite
en 1872 par le gouvernement autrichien vis-à-
vis de celui du canton des Grisons. L'autorité gri-
sonne demandait la remise de toute la succession mobilière et immobilière d'un de ses ressortissants mort en Autriche. Cette Puissance
répondit « que les autorités du canton ne pou-
« vait disposer que des seuls biens mobiliers,
« et que le gouvernement autrichien ne pou-
« vait reconnaître à des autorités étrangères
« le droit de disposer d'immeubles sis en Autri-
« che... »

§ 4. *Théorie allemande.*

Avant de passer à l'étude du système qui admet sans limitation l'unité de la succession, il
convient de dire quelques mots de l'opinion
défendue par M. *Bar* (*Das intern. privat und
Strafrecht Hannover*, 1862, M. Bar dit) p. 382,
en note, que ce principe a été soutenu déjà très
anciennement par Barthole, et qu'il est adopté

par le plus grand nombre des écrivains allemands modernes.

Il faut, suivant cette opinion, un cas de suc·
cession en droit international étant donné, étudier à la fois la loi en force au lieu où le défunt
avait son domicile et celle du pays où se trouvent les biens. Quand, d'après ces déux lois, la
succession est considérée comme *universelle*,
la personnalité du défunt se continuant dans
celle du successeur, c'est la loi du domicile
qu'il faut appliquer aux *immeubles* comme
aux meubles. Si, au contraire, l'une ou l'autre
des deux lois ou toutes deux établissent pour
une catégorie quelconque de biens une succession à *titre singulier*, il faut suivre la loi de la
situation des biens. Maintenant, comme les
lois de tous les peuples civilisés envisagent la
succession dans les meubles comme à titre universel, la dévolution de cette espèce de biens se
fera toujours d'après la loi du domicile.

Quant aux immeubles, ils pourront être
soumis tantôt à cette même législation, tantôt
à celle de leur situation. En effet, certaines lois
ont encore la conception d'une succession à titre
particulier dans les immeubles. Ainsi l'Angleterre ne considère pas le patrimoine du défunt
comme formant un tout. Les immeubles ne tom-
bent pas dans la même masse que les meubles

Anciennement celui qui obtenait les biens-fonds n'était nullement tenu des simples dettes. Cela fut changé plus tard pour la classe des marchands, d'abord, puis pour les autres; mais aujourd'hui encore, l'héritier des immeubles n'est pas tenu *ultra vires* (Bar, 383).

La succession dans les immeubles anglais, devra donc toujours être réglée par la loi anglaise ; de même il faudra exclure celle du domicile pour les fiefs et les fidéi-commis, même situés dans des pays admettant d'ailleurs pour les autres biens de l'universalité de la succession.

Pour mieux fixer cette théorie, développée par M. Bar, il est indispensable d'expliquer ce qu'il entend par *domicile*.

Le domicile, suivant cet auteur (p.82), doit être concédé par l'Etat dans le territoire duquel on veut le prendre ; il forme ainsi un certain lien rappelant celui de naturalité. Cela est si vrai que l'auteur verse dans la question du droit de citoyen sans avoir donné une définition bien claire de ce qu'il entend par domicile. Ainsi, à la page 50, il appelle *heimath* le pays où la personne remplit la double condition d'une *résidence de fait* et du *domicile accordé (wohnsitz et wohnrecht)* et plus loin, p. 91, il dit franchement : « Domicil verbunden

« mit Wohnrecht begründet die Staatsange-
« hoerigkeit, und demnach das *staatsbur-*
« *gerrecht.* » A la page 101, ayant ainsi bien
distingué ce sens-là du mot domicile d'avec
celui donné par les Romains, il n'accorde au
domicile romain d'importance en droit international que pour la fixation du for (Gerichtstand).

Enfin, dans une note importante au bas de la
même page, l'auteur explique pourquoi il pré-
fère déterminer les droits dits personnels
par la *nationalité,* plutôt que par le *domicile
de fait.* Il ne nie pas que son système ne puisse
conduire quelquefois à des résultats insupporta-
bles en pratique, *praktischen Unzutraeglich-
keiten;* mais l'opinion opposée, dit-il, arrive
à bien d'autres impossibilités. Il est fort difficile de préciser les circonstances qui doivent
faire conclure à un domicile effectif. Dans le
système admis, au contraire, le *de cujus* a toujours pu solliciter le droit de prendre dans
le pays un établissement légal, et en acquérant
ainsi la naturalité, parer aux principales difficultés, tandis que suivant l'autre théorie, rien n'em-
pêche qu'un simple séjour passager dans l'intention ne soit considéré comme entraînant un
changement de domicile. Ces observations renferment beaucoup de vrai. Il faut cependant
ajouter qu'en fait nombre de familles sont éta-

blies depuis fort longtemps en France, par exemple, où existe justement la faculté de demander une autorisation de domicile, sans avoir jamais songé à profiter de cette faveur. En second lieu, l'application de ce système se heurterait à d'insurmontables difficultés vis-à-vis des Etats qui considèrent le droit de nationalité comme imprescriptible, ainsi que le fait Suisse. En somme, la reconnaissance comme règle entre les nations du système allemand défendu par M. Bar ne nous paraîtrait réellement très-profitable que moyennant l'aplanissement du conflit des lois sur l'acquisition et la perte de la nationalité.

Nous ne nous étendons pas davantage sur cette doctrine. Elle a eu en Allemagne même pour contradicteurs des autorités considérables, entre autres celle de Savigny. Ce grand jurisconsulte se prononce pour le principe du *domicile réel*, mais en faisant des concessions importantes qui, en dernière analyse, rapprochent son opinion de celle défendue par ses adversaires.

§ 5. *Délation de toute la succession mobilière et immobilière suivant la loi du domicile.*

Ce système a été enseigné par de grands jurisconsultes, en France, déjà par Cujas, en Allemagne par Mittermeier, Eichhorn, etc., etc. Il se fonde sur les considérations suivantes.

En droit civil, la succession forme une universalité de droit, qui représente le défunt. L'héritier, en entrant dans cet ensemble de droits et de devoirs, continue la personne du *de cujus* ; par conséquent il doit être investi suivant la loi personnelle de ce défunt. On se base, de plus, sur le principe que la succession *ab intestat* doit présumer la volonté de la personne. Le défunt n'ayant connu, dans la règle, que la loi en vigueur à son domicile, c'est cette loi qu'il a entendu suivre, puisque, s'il avait voulu autrement, il aurait fait un testament. Or, toutes les nations admettant qu'un testament doit être exécuté même sur les immeubles, il n'y a point de raison pour refuser d'appliquer une loi qui ne fait que suppléer l'absence de testament. On s'étend aussi sur les difficultés que l'admission d'une pluralité de lois soulève entre les

héritiers et les créanciers de la succession, sur
tous les règlements de compte qui en résultent
et sur les frais qui sont nécessités. On ajoute,
enfin, que peu importe à l'Etat qui sera propriétaire des biens.

Les auteurs allemands, Puffendorf et autres, font cependant, en général, deux restric-
tions qui rapprochent beaucoup leur manière
de voir de celle défendue par M. Bar : 1° lorsqu'il existe une loi prohibitive au lieu de la situation ; 2° lorsque les biens sont féodaux,
stemmatiques ou fidéi-commissaires.

Le grand ·tort du système proposant pour
tous les cas la législation du domicile est
de ne s'appuyer sur aucun état de fait, ni sur
aucun texte. Les arguments dont on l'étaye
sont empruntés à des considérations de droit
civil dont chaque Etat est libre d'apprécier le
poids, et les faits montrent qu'ils les trouvent
presque toujours trop légères. Et puis, la plu-
part des codes soumettent explicitement les
immeubles de leur territoire à la législation
du pays.

Il faut donc rejeter cette idée en droit international positif ; mais on peut l'admettre en
législation et pousser à ce qu'on la consacre.
Quelques bons esprits le font déjà en France.
Nous lisons, par exemple, dans un article de

M. Descombes (*Gazette de Frib*, 24 juillet
1869.) : « la distinction de l'hérédité en meu-
« bles et en immeubles est, quoi qu'on dise,
« un vieux reste du droit féodal, qui avait
« sa base fondamentale dans la possession du
« sol, et ce vestige tend chaque jour à dispa-
« raître. On admettra, comme une consé-
« quence naturelle, nécessaire, que la compé-
« tence d'un tribunal étant reconnue et pro-
« clamée pour statuer sur le partage d'une
« succession, les décisions de ce tribunal doi-
« vent embrasser toutes les parties de la masse
« héréditaire. »

Nous pensons de même qu'entre pays en
désaccord sur la question de naturalité il serait
à la fois plus logique et plus conforme à l'intention présumée du défunt de faire régler sa succession *ab intestat* au for et par la loi de son
domicile réel (non pas le domicile admis par
M. Bar) et cela tant pour les meubles que pour
la généralité des immeubles. Nous admettons la
réserve des auteurs allemands pour les immeubles féodaux ou stemmatiques. Maintenant si les
questions de nationalité venaient jamais à être
réglées entre les divers Etats, il serait alors plus
avantageux, croyons-nous, d'admettre, en son
entier, le système de M. Bar, et cela par la voie
de conventions consulaires.

§ 6. *Le Concordat de* 1822 *entre divers cantons suisses ; le for et la loi du lieu d'origine.*

La commission qui eut à rédiger un projet de concordat pouvait choisir entre deux principes, celui du domicile et celui du lieu d'origine. En effet, on ne s'arrêtait pas au système de la *lex rei sitæ*, dont on voulait justement sortir. La commission se détermina pour la *lex originis*, surtout par les considérations suivantes :

Le Suisse, malgré son établissement dans un autre canton, reste toujours attaché à sa commune d'origine, en particulier par l'obligation qu'elle a de l'entretenir en cas de besoin, tandis que les autorités commnnales du domicile peuvent refuser d'assister les personnes originaires de tout autre endroit et réclamer le renvoi du nécessiteux au lieu dont il est bourgeois. Il y a ainsi d'un côté lien de droit, de l'autre simple attache de fait, et l'on préféra fortifier le premier, en instituant le for au lieu d'origine, plutôt que de créer le droit là où il n'existait pas encore (*Blumer*, II, 126). Cela est une preuve de l'influence profonde qu'ont dans la législation suisse les règles sur l'assistance communale. Les dispositions du concordat se comprennent parfaitement sous le régime actuel; mais nous croyons qu'une fois la commune domiciliaire obligée de fournir cette assistance, on sera très-près d'y faire régler aussi toutes les questions de tutelle et de succession. (1)

Le texte entier du Concordat serait trop long à citer. Il nous suffit de savoir ici, qu'il laisse à l'autorité du lieu d'établissement uniquement, le soin d'apposer les scellés et de prendre inventaire, et que le règlement de la succession *ab intestat* est attribué, sans distinction entre les biens, au tribunal du lieu d'origine.

Pour marquer la portée de ce dispositif, nous ne pouvons mieux faire que de citer les motifs d'une décision rendue par le Conseil Fédéral dans l'affaire *Flüss* (1854) : « La pensée du Concordat de 1822 peut se résumer comme il suit : Toutes les prétentions litigieuses à une succession, qui sont faites dans divers cantons, en « vertu de titres d'hérédité, doivent être jugées « par les tribunaux du lieu d'origine du défunt « et *d'après les lois de ce lieu,* sauf en ce qui « concerne les formes du testament. Le Concordat suppose donc toujours la pétition d'héré-

(1) Nous ne parlons pas ici de l'art. 45 de la nouvelle constitution fédérale, la portée n'en est pas encore claire.

« dité, c'est-à-dire des actions qui ont pour but
« de faire reconnaître les prétentions du deman-
« deur à la succession, et de le faire mettre en
« possession de tout ou partie de cette der-
« nière... »

En 1867, le Conseil Fédéral avait statué, dans
le même ordre d'idées, que le concordat laisse
intact le for du lieu où se trouve l'hérédité,
quand elle est retenue sous séquestre à la re-
quête des créanciers. Les héritiers ne peuvent
exiger qu'on remette préalablement les biens
au juge du lieu d'origine, et ils sont forcés de
discuter au lieu du séquestre les prétention des
créanciers. (*Rapp. Dep. féd. J. et P. p.* 37).

En 1850, le C. F. avait déjà rendu une
décision, confirmée par l'Assemblée fédérale,
sur la question de la compétence, en établissant que le défendeur n'était pas tenu de se
présenter devant un juge incompétent, pas
même pour débattre la question préalable de
la compétence. Autrement, disent les autorités
de la Confédération, le concordat n'atteindrait
pas son but. D'un côté, le défendeur se trouverait ainsi soustrait à son juge naturel, ce que le
concordat a précisément voulu empêcher, et
de l'autre, il risquerait de s'entendre dire, plus
tard, non sans raison, qu'il doit se soumettre
pour le fond à la compétence du tribunal devant lequel il aurait discuté la question de juridiction, alors même que ce tribunal aurait

mal jugé. Nous avouons que cet arrêté nous paraît mal fondé; on ne voit pas ce qui empêcherait le défendeur, dont l'exception d'incompétence aurait été repoussée, de recourir ensuite au Conseil fédéral. Cette autorité a, elle-même, rappelé, tout récemment, qu'avant de lui adresser des plaintes pour violation des articles de la nouvelle constitution fédérale sur le mariage, il fallait avoir épuisé les instances cantonales. La même règle, nous semble-t-il, pourrait et devrait être suivie à l'occasion du concordat.

Cet accord de 1822 a donné lieu à un grand nombre de recours au Conseil fédéral et aux Chambres. Ils portent tantôt sur la question de savoir si les dispositions arrêtées doivent être appliquées entre certains cantons, tantôt sur les différentes actions qu'elles ont entendu comprendre. Bien peu ont trait à la manière d'exécuter le concordat une fois que l'intervention en est reconnue. Nous avons cependant une décision de 1862, par laquelle le Conseil fédéral déclare que le partage de la succession doit être opéré par les autorités elles-mêmes du lieu d'origine. (F. F. 1862, II, 263.) Malgré le texte évident, cela avait été contesté.

Nous avons déjà eu l'occasion de citer plusieurs arrêtés de la première catégorie ; nous verrons ceux de la seconde en traitant de différentes matières communes à la succession *ab intestat* et à la succession testamentaire. Les dispositions du concordat sur le testament viendront aussi, plus tard, à leur place.

CHAPITRE III.

DE LA SUCCESSION TESTAMENTAIRE.

§ 1ᵉʳ. *Admissibilité des dispositions à cause
de mort. Capacité d'en prendre.*

Faisons tout d'abord l'observation générale
que tout ce chapitre se rapportera aussi bien
aux legs qu'aux institutions d'héritiers. M. Bar
nous dit, en effet, très-justement que, bien
que le légataire n'ait qu'un droit particulier, ce
droit peut être invoqué seulement s'il existe un
successeur universel. Par conséquent, la même
loi qui décidera du droit des héritiers régira
aussi celui des légataires.

Comme on peut s'y attendre, la question de
la reconnaissance du testament est résolue par
les auteurs, tantôt en faveur de la *lex domicilii*, tantôt de la *lex rei sitæ*, selon qu'ils
font régler par l'une ou par l'autre la succession *ab intestat*. Cependant, quelques-uns
d'entre eux, qui adoptent la loi de la situation,
pour la succession *ab intestat*, se sont laissé
entraîner à admettre ici celle du domicile, en

faisant rentrer la capacité de tester dans la capacité générale. M. Bar combat avec force cette théorie, en établissant que les lois qui restreignent la capacité générale ne visent que ceux qu'elles privent, au lieu que celles qui limitent la faculté de disposer à cause de mort disposent seulement dans l'intérêt des héritiers *ab intestat*. Ensuite, l'auteur allemand, partant du principe que les dispositions à cause de mort sont ou exclusives ou modificatives de la loi *ab intestat*, en conclut que cette loi seule pourra les admettre ou les proscrire ; de cette façon, selon que les lois en présence établiront ou non, toutes deux, la succession à titre universel, il faudra soumettre la question du testament aux tribunaux du domicile, ou à ceux de la situation des biens.

La grande majorité des auteurs modernes est d'avis qu'il faut s'en rapporter sur cette matière à la loi du domicile exclusivement ; plusieurs cependant font certaines réserves, qui sont en effet indispensables à l'égard des immeubles placés sous des conditions particulières de transmissibilité. Le testateur, disent-ils, doit avoir eu l'intention de suivre les lois qui lui sont le plus connues, c'est-à-dire celles de son domicile. Plusieurs ajoutent, comme seconde raison, que les meubles sont régis par la loi domiciliaire

Il est clair que cet argument ne vaut pas pour les immeubles. C'est justement pour ces derniers que les difficultés se présentent. M. Fœlix qui s'accorde pour le principe général avec la majorité des auteurs, dit toutefois, assez peu clairement, que la règle posée s'appliquera à tout ce qui rentre dans l'autonomie du citoyen, ou en d'autres termes « à tout ce qui n'est pas régi « expressément par le statut personnel ou par « le statut réel (I. 260) » Au bout du compte, l'auteur fait pour les immeubles une exception qui nous semble nécessitée, du reste, en ce qui regarde la France, par l'art. 3 du code civil.

Sous l'ancienne jurisprudence française, l'admissibilité des dispositions à cause de mort sur les immeubles formait une question de statut réel.

Telle est la doctrine de l'Ordonnance de 1735 sur les testaments. Suivant elle, la disposition n'avait pour les biens immeubles que l'effet permis par la coutume de leur situation. Elle valait, en conséquence, tantôt comme institution d'héritier, tantôt comme legs universel, etc.

A l'égard plus spécialement de la capacité de tester malgré l'interdiction depuis un certain âge, ou seulement moyennant certaines autorisations, les auteurs sont presque tous d'accord pour prescrire de vérifier toutes ces conditions conformément à la loi du domicile. Merlin, (sur le mot *testament*) s'en rapporte à la coutume du domicile matrimonial pour décider si la femme peut oui ou non tester sans autorisation, et il ajoute que tel est l'enseignement de tous les auteurs, confirmé par des arrêts très-précis, dont il cite quelques-uns.

Sur ce point, toutefois, comme sur beaucoup d'autres, nous voyons la jurisprudence s'écarter fréquemment de la doctrine.

Ainsi Merlin (ibid), partant du principe que le statut personnel doit en cas de concurrence céder au statut réel, décide, contrairement à la majorité des jurisconsultes, que le dernier l'emportera pour accorder ou refuser au prodigue le droit de faire un testament ; le célèbre magistrat rapporte que des arrêts sont pour lui.

Quant à l'importante question de l'âge, un édit perpétuel de 1611 la réglait pour la Belgique dans le sens du statut réel, au dire de Merlin (ibid). Plusieurs arrêts des Parlements français établirent la même doctrine. Un jugement du Parlement de Paris vint ainsi déclarer nul pour les propres situés sous la coutume de cette ville, qui permettait de tester seulement à 25 ans, le testament fait à 19 par une personne établie dans une contrée où tout pubère avait la faculté d'en écrire un valablement; un autre arrêt de la même Cour, en 1716, soutint une théorie semblable.

Une question s'élève à l'égard de la validité intrinsèque du testament si le disposant a changé de domicile depuis la confection de l'acte. Quelle sera la loi applicable? Les auteurs (*Bar*, 293, *Fœlix, I.* 263) admettent la loi du dernier domicile, et avec toute raison. En effet, d'un côté le testament n'a d'effet qu'à la mort; par conséquent c'est alors seulement que la loi peut agir sur lui. En second lieu, le testateur est présumé s'en être rapporté implicitement à cette loi, puisqu'il n'a pas modifié sa disposition. Un testament nul à l'origine n'acquerrait cependant aucune validité par le seul changement de domicile. Savigny (Bar, *ibid, note 7*) distingue pourtant, sur ce dernier point, les qualités qu'il appelle *physiques* des *qualités juridiques* : comme si elles n'étaient pas, au fond, toutes juridiques !! Il pense suffisant que les premières aient été présentes au moment de la confection. M. Bar réfute avec logique cette manière de voir.

§ 2. *Du for compétent pour connaître des contestations naissant de dispositions à cause de mort.*

Cette question est peu traitée par les auteurs. Ils semblent pencher, en général, pour la compétence du tribunal du domicile, ou de celui qui aurait déjà décidé sur l'exécution du testament. Ils font cependant l'exception ordinaire en matière d'immeubles.

Dans un cas intéressant, le Conseil fédéral arrêta, en 1861, qu'entre deux cantons non concordataires, l'action en revendication d'immeubles situés dans l'un, pour non exécution des clauses d'un testament homologué dans l'autre, devait se porter devant le juge des biens. Le testateur avait toujours eu son établissement au lieu du décès et de l'homologation. Les Conseils, cassant cette décision, ont fixé le for à ce dernier endroit; mais, pour arriver à cette décision plus équitable, sinon plus correcte en droit strict, ils ont dû envisager comme action personnelle rentrant dans l'art. 50 de la constitution fédérale la réclamation dont il s'agissait, évidemment action réelle en pétition d'hérédité. (*F. F.* 1862, 1863.)

Toutes les conventions internationales que

nous avons déjà vues saisissent le même tribunal qu'en cas de succession *ab intestat*. C'est en particulier le cas de la convention de 1869 entre la France et la Suisse (art. 5), et du concordat de 1822.

§ 3. *Formes des dispositions à cause de mort.*

La maxime *locus regit actum* est ici très-généralement reconnue, (Bouhier, Boullenois, plusieurs arrêts, entre autres un de cassation du 30 novembre 1831), cependant pas absolument par tous les auteurs. Il en est qui distinguent en matière immobilière des formalités qu'ils appellent *internes*, par opposition à des formes *externes*, et ils bornent à la première catégorie l'application de la règle. D'autres, ainsi Thoel, Bar, 394), la restreignent au cas d'un testament public. Enfin plusieurs adoptent exclusivement la *lex rei sitæ,* sans distinguer si le testament est public ou non. (Burgundus, Cujas, Wheaton, Burge, Story).

M. Bar, (p. 394), fidèle à sa donnée fondamentale, fait décider sur la forme du testament la même loi que sur le contenu. Il loue, en conséquence, la pratique des tribunaux anglais, écossais et nord-américains, qui observent la *lex rei sitæ* quand il s'agit d'immeubles situés dans un pays de *common law*.

Une fois la maxime *locus,...* reconnue, certains jurisconsultes veulent qu'on observe toujours la loi qu'elle fixe. La majorité, pourtant, laisse au testateur le choix entre la *lex rei sitæ* et la *lex domicilii*. M. Bar (396) est de ce dernier avis, et il le dit appuyé par la pratique américaine et anglaise, qui admet, dans la règle, pour les meubles l'application de la loi du domicile. Le même auteur attaque aussi la manière de voir d'un petit nombre d'écrivains qui veulent ne reconnaître le testament fait à l'étranger que dans le cas où le disposant n'a pas eu plus tard l'occasion de suivre les formes de son pays. Tel serait, parait-il, le droit des villes de Lubeck et de Hambourg; on entend, ainsi, empêcher d'éluder frauduleusement les lois du pays. Se plaçant au même point de vue, Boullenois et Rodenburg refusent d'avoir égard à la disposition si elle a été prise avec préméditation pour éviter la législation nationale. (Koch fait semblablement abstraction de la règle *locus...* toutes les fois que la loi du pays d'origine prescrit une certaine forme pour éviter les tromperies et les falsifications. Bar remarque à juste titre, (p. 397), que, pour être logique, il faudrait rayer entièrement la maxime, toutes les lois ayant le même but.

Les autorités qui admettent la règle décident universellement que le testament dressé conformément à la loi de forme du lieu de sa confection n'est pas invalidé par un changement subséquent de domicile ; jugé ainsi à Berlin pour un testament olographe (Bar, 400).

La faculté de tester dans la forme olographe a donné lieu à de vives controverses entre les anciens auteurs. Les uns la faisaient dépendre uniquement de la loi du domicile ; d'autres voyaient un statut réel. La première théorie, (Ricard, Boullenois) fut implicitement reconnue par.les arrêts qui dispensèrent de mentionner dans le testament le lieu de sa confection (Merlin, mot *Testament*). L'Ordonnance de 1735 condamna cette doctrine, aux yeux de Merlin. Il avoue cependant que cette ordonnance ne parle que des testaments publics ; mais il cherche à démontrer que la forme olographe est aussi une forme publique. Le célèbre jurisconsulte indique ensuite deux arrêts du Parlement de Paris (1620 et 1722), qui sont en sa faveur, et il conclut en disant que cette jurisprudence, quoique controversée, finit cependant par prévaloir. Pothier (Tr. des Don. et Test. chap. I, art. 2, § 1) est du même avis que Merlin.

Quoi qu'il en soit, plusieurs Codes modernes ont consacré l'opinion attaquée par Merlin et Pothier (C. N. art. 999, Code vaudois, art. 659).

§ 4. *Interprétation des dispositions à cause de mort.*

M. Bar (p. 400) soutient avec raison qu'on peut ici difficilement poser de règle générale. L'essentiel est de rechercher à quelle loi le disposant a entendu se référer. Cela peut varier beaucoup suivant les circonstances.

§ 5. *Annulation des dispositions à cause de mort.*

Ainsi que le fait observer notre auteur allemand (p. 405), le droit d'annuler une disposition à cause de mort dépend évidemment de la même loi qui régit la faculté d'en établir, quel que soit, du reste, le système admis.

Relativement à la forme, il suffira au testateur d'observer la loi du lieu où il agira, une fois son intention nettement exprimée. Gand (507) est d'un avis différent. Il approuve la décision d'un tribunal, qui jugea qu'un testament olographe

fait par un Anglais en France ne peut être an-
nulé par un second testament, confectionné en
Angleterre, qui ne satisfaisait pas aux formes
françaises, en tant que les biens sur lesquels il
disposait étaient situés en France (Bar, 405).

CHAPITRE IV.

DES CONTRATS HÉRÉDITAIRES.

M. Bar (p. 405), soumet cette espèce de contrat aux mêmes lois que les testaments, avec cette différence, cependant, qu'une fois le contrat conclu, un changement de domicile ne sera pas un motif pour l'attaquer ; bien entendu, les droits des héritiers légitimaires sont toujours réservés. (Notre auteur les apprécie suivant la loi du dernier domicile.)

Les raisons que M. Bar présente à l'appui de cette assimilation sont prises dans la parenté du pacte successoral avec le testament, tous deux consistant en une modification voulue de la loi *ab intestat,* et dans la nature même des conventions bilatérales. En effet, dit M. Bar, un contrat dont l'objet est de régler des intérêts de famille ne peut être régi par les lois du lieu de sa conclusion. La règle *locus...* demeurera cependant. — Cette thèse nous paraît conforme à la nature des choses.

CHAPITRE V.

QUESTIONS CONCERNANT A LA FOIS LA SUC-
CESSION *ab intestat* ET LA SUCCESSION TES-
TAMENTAIRE.

§ 1ᵉʳ. *De la réserve.*

M. Bar (p. 404), fait dépendre étroitement
cette matière de ses principes sur la succession
ab intestat, et il décide que la même loi s'appliquera à l'une comme à l'autre. A la page
298, il cherche à justifier son opinion, en allé-
guant que la limite mise à la libre disposition
du donateur est une conséquence du droit des
héritiers à la fortune laissée par le donateur au
moment de son décès, droit qui est mesuré par
la somme de cette fortune. En conséquence,
la restriction qui produit la réserve sera établie
conformément à la loi qui dominera la succession *ab intestat*. Ce raisonnement de M. Bar
ne paraît pas complet. Que l'importance de la
légitime soit appréciée d'après le chiffre de la
fortune existant au décès, ce n'est pas une raison pour conclure que le droit des réservataires
sera fixé par la loi *ab intestat*. Il faut développer
à notre avis l'argumentation: la faculté de dispo-

ser par testament sur une certaine quotité de la fortune est évidemment un des attributs constitutifs principaux, une des conséquences, si l'on veut, du droit de se créer une succession testamentaire. Or, ce droit est dérogatoire à la règle commune de la succession *ab intestat*; donc il ne peut dépendre que de la loi qui statue sur cette succession.

Il se trouve cependant un grand nombre d'auteurs, en France surtout, qui admettent que le droit des héritiers à réserve forme un droit réel. M. Demolombe (I. 88), justifie cette opinion en se fondant sur les considérations suivantes. Le jurisconsulte français dit que «la réserve est une
« partie de la succession *ab intestat*, une partie
« indisponible que la loi elle-même transmet im-
« pérativement à certains héritiers. Qu'on n'ob-
« jecte pas que le père, ne pouvant disposer que
« d'une certaine portion de ses biens, est inca-
« pable de disposer du reste, et que dès lors la
« loi est personnelle. Le père n'est pas incapable.
« Sa capacité personnelle, sa capacité générale
« et absolue n'est sous ce rapport nullement
« affectée; *ce sont les biens eux-mêmes* que
« la loi a en vue, c'est la transmission de ses
« biens à ses enfants. Il est si peu *incapable*,
« et ses dispositions sont si peu *nulles* que
« dans le cas du prédécès de ses enfants les

« libéralités excessives qu'il aurait faites,
« même de leur vivant, seront maintenues. »
Cette dernière considération nous semble mal
porter. Pourquoi ne pourrait-on pas dire que le
père devient incapable, dans certaines limites,
par l'existence d'enfants à son décès? Quant au
premier argument que la légitime est une partie de la succession transmise impérativement
par la loi, il nous semble fortifier aussi l'opinion de M. Bar, adoptée par nous. Disposer
de ses biens à cause de mort, c'est faire usage
d'une faculté permise par la loi *ab intestat*,
c'est aussi passer de la règle à l'exception ;
où la permission est retirée, où l'exception
n'est plus possible, c'est la règle qui revient
prendre place. Au fond, l'origine de la dissi-
dence entre MM. Bar et Demolombe se trouve
dans leur système différent sur la succession
ab intestat.

Quid dans le cas où le testateur (ou le donateur) change de domicile une fois la libéralité
accomplie? M. Bar décide qu'alors, si c'est la loi
du domicile qui prend place, (dans son système
naturellement) la donation ne pourra plus être
attaquée que moyennant l'accord des deux lois
domiciliaires pour l'annuler ou la réduire, parce
que, dit-il (p. 298), d'un côté les biens dont il a
été disposé ne font plus partie de la fortune du

de cujus et que, d'un autre côté, les héritiers peuvent réclamer seulement ce qui leur est attribué par la loi en vertu de laquelle ils succèdent. Nous ne voyons pas pourquoi on aurait égard à la loi sous laquelle s'est faite la disposition. C'est la loi du dernier domicile, celle de l'ouverture de la succession, qui déterminera le chiffre de la portion disponible ; les dispositions anciennes n'ont été faites que sous une clause tacite de résolution.

Nous avons au sujet de la réserve une décision du Conseil fédéral ; malheureusement les Chambres n'ont pu s'entendre sur son appréciation.

Un père originaire d'un canton concordataire était domicilié, ainsi que ses fils, dans un autre canton également lié par le concordat. Il fit une vente à trois de ses enfants d'un bien situé dans le canton de son établissement. Le père encore vivant, deux autres fils attaquèrent le contrat comme violant les dispositions de la loi d'origine. Le Conseil fédéral jugea qu'il s'agissait de la régularisation du droit de succession entre les parties en litige, et décida que l'action devait être soumise au juge du lieu d'origine, quoique la succession ne fût pas encore ouverte. (Ullmer, 561). Cette décision nous paraît devoir être approuvée.

§ 2. *Avancements d'hoirie ; rapport.*

L'ancienne jurisprudence française paraît avoir regardé les dispositions sur ces deux matières comme formant des statuts réels. Telle est, au moins, l'opinion de Pothier (Des Succ. p. 371 et suiv.), qui décide que la loi défendant d'être à la fois héritier et légataire ne s'applique pas aux biens situés sous l'empire d'une loi le permettant. De cette façon, la même personne pouvait être héritière de biens compris dans le territoire d'une des coutumes et légataire de ceux se trouvant régis par l'autre. Cela fut jugé par des arrêts.

Les lois nationales se trouvant en conflit, nous appliquerions, en l'absence de texte, la même théorie.

Le Conseil fédéral a pris en 1864 (Rapp. dép. J. et P. p. 38), sur la question des avancements d'hoirie, un arrêté qui a été confirmé ensuite par l'Assemblée fédérale. Ces autorités décidèrent que l'action tendant à faire rentrer dans la masse des valeurs auxquelles un héritier prétendait exclusivement n'était pas une action en matière « d'hérédité. » Le Conseil fédéral semble, malheureusement, s'être contredit sur cette

question. Nous lisons, en effet, dans les consi-
dérants d'un autre arrêté rendu en 1867,(Rapp.
dép. J. et P., p. 57), qu'une réclamation semblable est une action en partage de la succession
et que ce caractère n'est pas modifié par le fait
que les défendeurs s'appuient sur un autre titre
que celui d'hérédité pour retenir le prétendu
avancement d'hoirie. Cette dernière opinion
nous paraît plus exacte.

§ 3. *Dispositions au profit de l'enfant naturel.*

M. Demolombe, (ibid. 89.,) pense qu'il faut
considérer comme réelle la loi qui détermine la
part de l'enfant naturel reconnu dans la succession de ses père et mère, puisque la question
est toujours de savoir à qui seront attribués les
biens. (1) Il reconnaît cependant, au point de vue
du droit français, qu'on pourrait objecter l'intitulé du chapitre, et le texte même de l'article 908 du C. C. Il nous semblerait plus juridique, en effet, de regarder la disposition comme

____

(1) C'est aussi l'opinion d'autres auteurs et de Dalloz,
Rép. *Puissance paternelle.*)

dépendant de la loi *ab intestat*, le plus souvent ainsi de la loi du domicile.

§4. *Droits des époux.*

M. Bar décide (p. 349), que les droits de l'époux survivant sur la fortune de l'autre, ainsi que sur les biens précédemment communs, à moins que la *lex rei sitæ* ne dispose différemment, doivent être soumis à la loi du premier domicile conjugal si ces droits sont une suite immédiate du régime matrimonial (communauté, usufruit, droit d'administration, etc.) Mais un droit de succession ordinaire serait apprécié en suivant la règle générale posée par l'auteur pour la succession *ab intestat*.

La majorité des auteurs recourent à la *lex domicilii* pour fixer le régime sous lequel ont vécu les époux mariés sans contrat.

Sous l'ancienne législation, on admettait, comme une conséquence de cette idée, (rapporte Dalloz, Rép., *contrat de mariage*) que les époux mariés sans stipulation sous une loi de communauté voyaient s'étendre cette communauté à tous les biens qu'ils acquéraient durant leur mariage, quoique ces biens fussent situés sous une coutume admettant seulement la communauté conventionnelle. Les auteurs disaient que la communauté était un statut personnel, dont l'effet devait se produire partout où ceux habiles à l'invoquer possédaient quelques biens, si toutefois il n'existait pas au lieu de la situation de statut nettement prohibitif.

D'un autre côté, les lois qui accordaient un douaire et en mesuraient l'étendue étaient jugées réelles Il fallait consulter uniquement la loi du lieu où se trouvait la fortune affectée de ce droit. Cela paraît avoir été admis généralement,(voir Pothier, *Douaire*, n° 128, *passim*.), toutefois pas universellement (Bouhier, cout. de Bourgogne, p. 519.)

Mais retournons au contrat pécuniaire de mariage.

Nous avons fixé le principe auquel les auteurs se rallient très-généralement, en l'absence de traités internationaux contraires. Le désaccord commence dans le cas d'un changement ultérieur de domicile. Un grand nombre d'opinions diverses se sont fait jour sur ce point. Malgré l'intérêt de la question, nous ne pouvons, cependant, entrer dans ces controverses, qui sortent entièrement de notre sujet. Rapportons seulement à ce propos une décision intéressante du Conseil fédéral. Il arrêta en **1857**

(Rapp. Dép. J. et P. p. 75), qu'entre cantons non-concordataires, la question de savoir si un contrat de mariage peut être modifié doit se juger d'après la loi en vigueur au lieu de la confection du contrat, quel que soit le droit du canton dont les époux sont originaires.

Une pareille décision aurait été très-critiquable entre cantons liés par le concordat de 1822.

Cette convention a, en effet, écarté en matière de contrat de mariage aussi bien la loi du domicile que celle de la confection de l'acte, pour admettre celle du canton d'origine, comme à l'égard de la succession. On a compris l'étroite union de ces deux objets

L'art. 3, 2me alinéa, du concordat de 1822 porte : « Eheverkommisse und Ehevertraege,
« insofern der Niedergelassene Ehemann nach-
« den Gesetzen seines Heimathskantons dazu
« berechtigt ist, unterliegen, in Hinsich auf
« ihren Inhalt, ebenmaessig den gesetzlichen
« Vorschriften und Bestimmungen des Heima-
« thsortes des Ehemannes. »

A l'occasion d'un recours, le Conseil fédéral a établi en 1856 (Ullm. I, 559) que cette expres-
« sion « Eheverkommisse und Ehevertraege »
comprend uniquement les « contrats destinés à régler la succession des époux ou des fiancés, »

et ne peut se rapporter aux droits de la femme dans la faillite du mari. Le C. F. considère avec raison qu'en concluant un concordat dont l'objet principal était de régler la matière des succes- « sions : « on a dù être guidé par de tout autres « considérations que s'il s'était agi du droit de « concours dans les faillites, et d'un concordat à « ce sujet ou de toute autre question (?) relative « aux droits des époux quant à leurs biens. » Le C. F. jugea, en conséquence, conformément au concordat de 1801, que le droit de la femme de revendiquer ses biens dans la masse en faillite du mari devait être réglé par la loi du lieu où s'était ouverte la faillite, et non par celle du canton d'origine. Dans l'espèce, le mari était encore vivant; l'arrêté se comprend ainsi très bien ; mais la solution aurait été plus difficile dans le cas de faillite d'un mari défunt. Il semble bien dans cette supposition, qu'il y ait contradiction entre les deux concordats.

La convention de 1869 entre la France et la Suisse ne mentionne nulle part les contrats de mariage, et elle ne dit pas davantage quelle est la loi à suivre en l'absence de convention. Aussi s'est-il élevé des difficultés. La cour de Cassation de France, cassant un arrêt de Rennes, a

jugé, tout récemment, dans l'affaire Perroud
que l'action dirigée contre un Vaudois, domicilié en France, par les héritiers de sa femme,
née française, action tendant au partage d'une
prétendue communauté mobilière existant entre
des époux mariés en France sans contrat, était
une action personnelle dans le sens de l'art. 1 du
traité, et nullement une de celles dont parle l'article 5. L'idée de la Cour est que la réclamation
naît d'un contrat tacite soumettant les époux au
régime de la communauté par le fait de leur
mariage et de leur domicile en France. Cet arrêt nous paraît contraire au texte comme à l'esprit de l'art. 5. D'un côté, l'action des petits-
fils de la défunte contre leur grand-père est
bien fondée sur leur qualité d'héritiers de leur
grand-mère; et, d'un autre côté, le défendeur
s'appuie aussi sur son titre à l'hérédité. L'action est donc bien « relative à la liquidation et
« au partage d'une succession testamentaire ou
« *ab intestat* et aux comptes à faire *entre les*
« *héritiers* ou légataires. » Toutefois le système de la Cour a quelque chose de spécieux,
et on peut regretter que l'on n'ait pas réglé
explicitement la question du contrat de mariage
dans la convention de 1869. L'affaire Perroud
est actuellement pendante devant la Cour d'An-
gers.

§ 5. *Acceptation de l'hérédité; paiement des dettes.*

M. Bar (p. 406) fait trancher toutes les contestations élevées à propos de l'acceptation, et du paiement des dettes par la même loi qui régit, selon lui, la succession dont il s'agira. D'autres jurisconsultes veulent appliquer toujours la *lex rei sitæ*. Un jugement du tribunal suprême de Berlin (1855, Bar, 406) est dans ce sens. Une troisième opinion s'en rapporte toujours à la loi du dernier domicile qu'avait le défunt. Le motif mis en avant est que l'obligation de payer les créanciers de la succession dérive d'un quasi-contrat réputé consenti dans la *domus mortuaria*. Merlin admet bien aussi un quasi-contrat, mais il prétend que « ce quasi- « contrat, résultant de l'appréhension que fait « l'héritier des biens du défunt, se passe certai- « nement dans le lieu où les biens sont situés. »

L'opinion de M. Bar nous paraît, en l'absence de disposition contraire, la plus conforme à la nature des choses.

Nous avons sur la question d'acceptation deux décisions du Conseil fédéral. D'après la pre-

mière rendue en 1854, (Ullm I. 558), il faut
interpréter à cet égard le concordat de 1822
dans le sens restrictif ; l'action tendant à forcer
une personne à se reconnaître héritière ne
serait ainsi pas de celles qu'il faut porter au
lieu d'origine. Le défendeur, en effet, n'élève
aucune prétention à l'hérédité ; au contraire, il
reconnaît en plein celle du demandeur. Cette
décision a été suivie, en 1872, par un autre
arrêté, établissant qu'entre cantons non concordataires une telle action doit être considérée
comme personnelle dans le sens de la constitution fédérale(Rapp. Dép.J. et P.1872,p. 26).
On alléguait contre l'opinion adoptée ensuite
par le Conseil fédéral que l'action se rapportait
au partage de la succession, et que le juge de
l'action est aussi celui de l'exception. L'arrêté
répliqua avec raison que « cette action n'est pas
« une question de succession, parce qu'elle n'a
« pas pour but de faire valoir les prétentions des
« demandeurs et de leur assurer en tout ou en
« partie la possession de la succession. »

La succession une fois acceptée, des contestations peuvent cependant, encore surgir sur
la question de savoir quelle loi déterminera la
proportion dans laquelle les héritiers des divers biens devront contribuer au paiement des
dettes.

Les anciens auteurs renferment sur ce point des indications intéressantes. Merlin (sous le mot *Dette*) rapporte qu'au siècle dernier il y avait certaines coutumes chargeant l'héritier des meubles de toutes les dettes mobilières (Lorraine, p. ex.) Etant donné le cas d'une succession située en partie sous une telle coutume et en partie à Paris, où tous les biens indistinctement supportaient leur part des dettes, on décidait généralement que l'héritier des propres parisiens avait à acquitter une fraction des charges proportionnelle à la valeur de ces héritages relativement au total de la succession. Les héritiers des propres lorrains demeuraient affranchis de toute contribution. De cette façon là, les deux coutumes étaient à la fois observées. C'était appliquer strictement le système de la réalité. Le Parlement de Paris jugea, cependant, en 1747, contrairement à ce principe, que l'héritier des biens mobiliers d'une personne morte sous l'empire d'une législation semblable à celle de la Lorraine n'était pas recevable à demander qu'on fît contribuer au désintéressement des créanciers les propres de la succession sis dans un pays où cette espèce était tenue des dettes sur le même pied que les meubles. Un autre arrêt du même Parlement, en 1673, posa la même règle (Boullenois. De Stat. I, 281).

M. Bar nous dit (p. 389) qu'entre l'Ecosse et l'Angleterre, dont les législations présentent une opposition analogue à l'occasion des « héritables bonds » on admet dans la règle le principe de la réalité.

M. Bar, comme on peut s'y attendre, applique ici sa théorie générale, de la même manière qu'à propos de l'acceptation.

Les conventions entre la France et les divers Etats contiennent sur la matière des dispositions très-semblables. Celles entre l'Autriche et la France (art. 2, chiffre 5), entre la France et l'Italie (art. 9), la France et la Russie (art. 7 et 10) stipulent, en général, que dans le cas où des sujets du pays où le décès a eu lieu, ou d'une tierce puissance, élèvent des réclamations contre la succession (principalement si le montant de l'hérédité n'égale pas celui des dettes), le consul devra surseoir à la liquidation, et pourra être appelé à remettre les valeurs de la succession aux mains des autorités territoriales, qui les répartiront, suivant leur loi, entre les créanciers. Si des concitoyens du défunt, seuls, interviennent, le règlement se fait d'après leur législation et par les soins du consul.

La Convention franco-suisse de 1869 ne contient à cet égard aucun texte particulier. — Il semble, dans cette situation, que le désintéres-

sement des créanciers doive être gouverné par
la législation en vigueur au lieu du décès; en
effet, le for exceptionnel de l'origine n'est introduit que pour les contestations « *entre héritiers ou légataires.* » Quelques-uns sou-
tiennent cependant que ce for est général et
que toutes les réclamations contre la succession doivent y être portées. Cette opinion nous
paraît aussi inadmissible, juridiquement, en
face des mots précités de l'art. 5, qu'elle serait
nuisible dans la pratique.

La loi anglaise présente, au dire de M. Bar
(p. 408), une particularité remarquable. Tout
héritier d'une succession mobilière ouverte en
Angleterre doit obtenir du tribunal compétent,
sous formes de « letters of administration, »
l'autorisation de se mettre en possession des
biens; ensuite il est obligé de payer les créanciers, sous la surveillance du tribunal. Cette
procédure est aussi suivie dans le cas où le défunt était étranger ; mais, alors, le titre à l'obtention des lettres est apprécié suivant la loi
du domicile qu'avait le défunt. Cette pratique
nous paraît très-heureuse.

§ 6. *Partage ; garantie.*

Le Conseil fédéral a décidé avec raison, en 1872 (Rapp. Dép., J. et P. 24), que la demande en rectification de partage ne rentrait pas dans les actions personnelles prévues par l'art. 50 de la constitution fédérale, et que, dès lors, elle devait se porter au lieu d'ouverture de la succession. En effet, comme le représente très-bien Dalloz (sous la rubrique de la *compétence en matière de partage*), les demandes en rescision et en garantie portent sur la totalité de la succession, non sur le lot distinct de chaque héritier. (Voyez art. 822, C. civ. et 59 C. de proc. français.)

§ 6. *De la deshérence.*

Mentionnons l'exception que font les auteurs français dans le cas de la deshérence, à la règle *mobilia...*, en décidant que les biens délaissés reviennent au fisc français. Cette doctrine était déjà soutenue par Merlin et Dalloz, et elle a été adoptée par des arrêts (Voir Fœlix, I. 145.) M. Demolombe la soutient, en disant que c'est uniquement par suite de la relation juridique entre la personne et l'universalité de ses meubles qu'on peut soumettre, en cas de décès, le règlement de cette universalité à la loi du domicile. Lorsque cette relation sera brisée, il n'y aura plus de raison pour ne pas laisser décider la *lex rei sitæ*. Mais ce lien paraît rompu par la mort, en général, qu'il y ait ou non des héritiers. L'argumentation de M. Demolombe nous paraît quelque peu subtile, et nous croyons que le système de la jurisprudence et des auteurs français est en contradiction avec leur doctrine sur la succession mobilière.

Le conseil de la Faculté de Droit autorise l'impression de cet « Essai sur la succession en droit international privé » et des thèses qui l'accompagnent, sans se prononcer sur les opinions du candidat.

Lausanne, Octobre 1874.

Le Président du Conseil,

HENRI CARRARD, *professeur.*